守住教育的底线和良心

中国著名班主任德育思想录（二）

朱永新 主编
新教育研究院 编著

大夏书系·教育思想录

华东师范大学出版社
·上海·

目 录

序　让思想的光芒照亮教育的路程　　朱永新／1

走在探索班集体情感教育的大路上　　陈海宁／5

　　一个班级就是一个情感场。情感教育就是关注这个"情感场"中人物的态度、情绪、情感以及信念，以促进他们的个性与社会性的健康发展。情感教育，是一道永远求解的未知方程，是召唤前行的教育大路。

促进主体发展的教育追求与实践　　陈　萍／19

　　30多年的坚守，30多年的探索，我的研究对象从学生到教师再到班主任，理论建构从主体性到主体间性再到主体公共性，研究的视角从看向无限广阔的外部世界逐渐转向内部。未来，期待和同行一起，无限深刻地发现自己的内心。

价值探索之旅　　杜嘉陵／33

　　人生是一场探索，每个人都在探索自我生命的价值，探索外部世界的价值意义。在青春的价值探索之旅中，班主任有时是陪伴者，有时是引领者，有时是启发者，有时是指点者。

因材自教：为每一个人的成长寻找不同路径　　方海东／47

因材自教，在班主任的工作中，"于个人"，是唤醒自我，驱动内心，成就一个人；"于班级"，是看见集体，感染彼此，成就一个班。

爱的盟友是春天　　黄百央／67

班主任工作是一门管理学，它追求的不是最优，而是最合适。我用爱去呵护学生的成长，用爱去培养学生的行为习惯，用爱去打开学生的心门，给学生充分的话语权，鼓励学生当好班级建设的主人。

在书香世界里同修同行同进步　　黎志新／81

当了27年的老师，做了20年的班主任，回顾这段教育旅程，我似乎只做了一件事：和学生在书香世界里同修同行同进步。

小孩儿不小　　李　颖／99

小孩子虽然年龄小、阅历浅，却拥有着认识世界、打开世界之门的"独特密钥"。19年来，我一直怀揣着敬畏之心，试图从孩子的视角出发，走进他们的内心世界，一边尝试破解孩子认识世界的神秘密码，一边享受与他们共同探索未知、创造生活的惊喜与感动。

"自育·互惠·立范":"班级育人"60年行与思　　李庾南／111

　　60余年的"班级育人"之旅,最终汇成"自育·互惠·立范"六个字。"自育"是基础,"互惠"是关键,"立范"是旨归。它们是综合融通的,希望更多人在"自育""互惠"与"立范"的德育框架内和相互关系中做好"班级育人"工作。

儿童视角:成长引领者的"人师"担当　　梁凤英／123

　　我坚信好的教育应该是从孩子的立场去唤醒,是让孩子的内心充满生命力,产生渴望做事的动力,产生让自己变得更完美、更强大的愿景。

我的班级教育操作系统是这样诞生的　　刘云霞／135

　　在我的班级教育操作系统中,"班主任人格魅力"是核心,"班级教育目的"是方向,"班主任教育观念"是保障,"活动建设'士气班'集体"是重点,"整合教育资源"是策略,"评价"与"反思"是推动力。它们互相作用、彼此融合。

让生涯教育引领生命成长　　秦望／147

　　生涯教育的目标是培养个人能够创造有价值的人生。我认为,生涯教育就是要不断地引导学生知己(了解自己)、知彼(认识世界),同时做好管理。

一间可以长大的小梅花教室　　宋新菊　／165

十几年来，我坚持点亮每个日子，呵护每个生命，用"梅文化""黄河文化""师生共读共写"等新教育课程创造了幸福完整的教育生活。孩子、老师、父母穿梭其中，共同生活，共同成长。每个孩子在这间教室里都体验到了成长的快乐和生命的尊严。

我的班主任工作故事及启示　　陶元红　／181

班主任必须努力做"真教育人"。"真教育人"要求班主任对自己的工作满怀真挚的情感，坚守教育初心；"真教育人"要求班主任努力让教育彰显"育人"的本质；"真教育人"要求班主任对学生的教育遵循育人的规律。

做心灵成长的伴行者　　王卫明　／191

班主任是谁？从心理辅导的角度来说，班主任是心灵成长的伴行者。心灵成长是指班主任努力建设激励型班级氛围，让学生在班级生活中参与、体验和感悟，唤醒学生成长的内驱力，助力学生走向自我成长。伴行是肩并肩、手牵手的平行共进与陪伴相助，助学生成长，助学生自助。

终于懂一点点教育智慧了　　吴小霞　／205

　　班主任有责任用智慧引领学生，实现突围。这一路，我用智慧寻找和发现学生隐藏的能力，用智慧提升学生觉醒和改变的能力，用智慧培养学生思考和行动的能力。

悦心式班级管理，让学生爱上学习　　张玉石　／219

　　我用四个"改变"合力打造的"悦心式班级管理"模式，帮助每个学生削减了对老师的恐惧感和距离感，在班级中找到归属感和幸福感，获得属于自己的成就感和价值感。

后　记　　朱永新　／237

序　让思想的光芒照亮教育的路程

我一直认为，教育是一个技术活，但更是一个思想活。成功的教育，优秀的教育人，无论他是一位教师、班主任、校长，还是局长，支撑他站立在教育大地上的力量，一定是思想。没有思想的教育，一定是站不住、走不远的。

多年前，我写过这样一节小诗：

> 教育需要思想的光芒
> 走出经验的泥沼，迎接理性的朝阳
> 再不能用一张教育的旧船票不断重复昨天的故事
> 也不能把一张教育的旧兰谱不停地老调重唱

技术和思想，是"毛"与"皮"的关系。思想皮之不存，技术毛将焉附？基于这样的认识，2000年，我在主编"新世纪教育文库"时，特地亲自主编了《中国著名特级教师教学思想录》《中国著名班主任德育思想录》和《中国著名校长办学思想录》三本小书，并为每本书撰写序言，向读者推介这些从一线中生长出来的教育思想。其中，除了《中国著名特级教师教学思想录》是根据柳斌先生主编、江苏教育出版社的同名系列图书选编的外，其他两本是我自己开出名单、亲自邀请作者撰写的。

十多年来，这三本书一直深受欢迎，多次重印。这些特级教师、优秀班主任和校长的教育思想，影响着许多年轻教师、班主任和校长的成长，甚至被很多教育工作者称为自己的案头必备。

江山代有才人出。十多年过去了，又一批年轻的特级教师、班主任和校长成长起来了，又有许多新的故事、新的思想。于是，我想到了修订这套书，并且邀请了时任新教育研究院新阅读研究所副所长的朱寅年兄协助我完成这个项目。

我一直认为，如果说特级教师影响的是一个课堂，班主任影响的是一间教室，校长影响的是一所学校的话，那么局长影响的是一个区域。教育局长的思想与境界，同时也会直接影响到校长、班主任和教师。因此，我决定增加一本《中国著名教育局长管理思想录》。

感谢寅年兄和《中小学管理》杂志的主编曾国华先生，他们两位拿着我的邀请信一个个联系，一次次催促，前后一年多的时间，终告完成。特别是寅年兄，在新阅读研究所工作任务繁重的情况下，克服许多困难完成了这项任务。

需要说明的是，不唯资历，不唯名气，重视思想，重视实力，是我们选择、邀请作者的标准；但是，有许多人符合条件，却或因没有时间，或因无法联系，或因自己放弃而没有来稿，故这套书仍然存在不少遗憾。我希望这套书是一个开放的系统，条件成熟时可以不断增补，让它成为记录这个时代教育风云人物思想的史册，成为照亮教育路程的一盏明灯。

同样需要说明的是，收录于这套书中的每位教师、班主任、校长和局长都有自己的过人之处，都有自己的"功夫秘籍"，我们在编排时没有厚此薄彼，完全是根据作者的姓氏音序而安排的。

一本真正的好书，是作者、编者、出版社和读者共同完成的。所以，我要特别感谢江苏教育出版社和华东师范大学出版社。感谢江苏教育出版社为这套书最初的出版付出了辛勤的劳动，感谢华东师范大学出版社在新版编辑出版过程中卓有成效的工作。感谢朱寅年先生和曾国华先生在新版组稿联系过程中具体而微的努力。感谢亲爱的读者朋友们，无论你是老师、校长、局长，还是教育行业以外的朋友，但愿这套书能够给你启迪，让这些扎根于中国大地的教育思想能够照亮我们教育的路程。

朱永新

2015 年 12 月 20 日写于北京滴石斋

陈海宁

南京市江宁实验小学教师,南京师范大学班主任研究中心兼职研究员,中国陶行知研究会苏霍姆林斯基研究专业委员会、全国情感教育与班集体建设研究会"专家型领跑者"。江苏省教育系统先进个人(优秀教师),南京市首届德育工作带头人,南京市五一劳动奖章获得者,第三届长三角地区中小学班主任基本功大赛(小学组)第一名。著有《左手责任 右手爱》,在《班主任》《江苏教育》《中小学班主任》等期刊发表论文、案例多篇。

走在探索班集体情感教育的大路上

1996年，我从中师毕业，走上教育岗位，担任班主任。无论是农村学校还是现在的江宁实验小学，她们都是朱小蔓情感教育理论、情感教育思想诞生的地方，自己也就拥有了学习、实践情感教育得天独厚的条件。我从一开始工作就受到情感教育思想的熏陶，这些年来也始终走在情感教育的大路上。

回忆多年的工作，我的情感教育走过两个阶段：第一个阶段是努力做拥有"情感资本"的班主任；第二个阶段是尝试做懂得"支持性情感"的班主任。

一、十年磨一剑：做拥有"情感资本"的班主任

2005年，一次偶然的机会，我阅读了朱小蔓老师的《情感教育论纲》，第一次从概念上接触到情感教育。她的情感教育理论、情感教育思想中有一句话让我印象深刻：要做一位拥有"情感资本"的班主任。

什么是拥有"情感资本"的班主任呢？班主任的气质、个性、风格、品格会以不同的方式影响着学生的成长。这些影响如诸种能量，会转化为师生彼此之间认知、情感、价值的发生、发展与飞跃。同时，这些能量也会储存在师生心间，成为彼此成长的"情感资本"。从班主任的角度讲，就是要求班主任拥有

丰富的情感、良好的品质和能力，为班集体教育预备好情感资源、情感力量。这是做好班主任工作的教育资源，也是师生共同成长的"情感资本"。

当班主任以宁静、悠然、潜心的姿态与学生相处，用自己独有的教育风格呈现出一名普通班主任教师的爱心、细心、耐心与慧心，用自己的童心满足学生内心的安全需要、尊重需要、关心需要与自我实现的需要，用自己的专业、责任感架起家庭、学校、社会"携手共育"的桥梁……"情感资本"也就在一点一滴地积蕴着。

在之后的十年里，我接受了朱小蔓老师更多情感教育理论的滋润，也一直在努力做拥有"情感资本"的班主任。

（一）一路前行，一路心

情感，看似高深莫测，但又无处不在。我们走进学校，迈向讲台，走近学生，教育情感自觉生成，肩上就担负起了教育的重任——希望在自己的教育下，学生能热爱生活、积极学习、友善相处……所以，我们开始了每天平凡而伟大的工作，教育情感就徜徉在工作和生活的细节中。教育其实是由一个个细节连接而成的，而每一个细节都需要教师，尤其是班主任。拥有"情感资本"的班主任，能发挥情感教育力，将责任放在心中，将师爱盛在细节中，传递教育能量。

1. 细心——用儿童视角去观察

有一天，我在教室里批作业，一个男生在我跟前转悠了好几次。他想做什么？我抬头细看，发现他怀里抱着一本书——我明白他期待什么了。

"史绪锦，这本书是你的吗？"我故作好奇地问。

他立刻停下脚步，快速地把书递给我："这是爸爸昨天给我买的。"

我认真翻阅了几页，点点头："你爸爸很有眼光，这本书很好。等你读完，我也想借来看看，这样我们还可以一起交流书中的故事。"

他开心地走了。

多可爱的孩子呀！儿童心灵就如一个晶莹剔透的水晶瓶，需要老师细心地站在儿童视角去观察、思考，寻找他们的情感所需，成为他们愿意信任、愿意走近的良师益友。

2. 耐心——用儿童耳朵去倾听

童年应是一首歌，一首记载了快乐、清纯的歌。记得一天早晨，我照例早早来到教室面批家庭作业。走到一个女生身边，我发现她的头发扎得很乱。"今天的头发怎么这么乱呀？"我随口一问。孩子的脸一下子就红了。我意识到自己的语气过于生硬了，立刻摸摸她的头，笑着说："平时头发梳得很漂亮，今天怎么了？"

她摸摸辫子看着我说："今天是我自己扎的辫子，我想自己学会扎辫子，这样妈妈早晨就不那么忙了。可是，辫子总是扎不整齐。"

多好的孩子呀！下课后，我带她到办公室，拿出梳子一步步教她如何扎辫子。从那以后，这个女生每天都自己扎小辫儿，一天比一天扎得好。我们也相处得如朋友般温馨。

当我们发现问题后，耐心倾听孩子的心声，是对他们的尊重，也是自己寻找解决问题的一种方法。情感教育需要耐心倾听。

3. 慧心——用儿童心理去探寻

在小学，孩子们特别喜欢把各种各样的玩具带到学校玩耍，这总会让班主任产生诸多担忧。一般情况下，我们会利用晨会、班会给孩子们讲道理和立规矩；或试着暂管玩具，到放学时再归还；严厉时，还会与家长联手来整治，结果就变成了"警察与小偷"的"游戏"，还激化了老师与学生、家长与孩子的矛盾。

教师有时可以约束孩子的行为，却无法堵塞他们的思想。有心理学家指出，适当玩玩具有助于孩子自尊心的培养，让孩子感受到学习是充满意义的过程。我意识到自己忽视了"儿童的兴趣"：只顾着杜绝孩子将玩具带到学校的现象，却从来没有去了解过他们究竟在玩哪些玩具？玩具从哪里来？为什么喜欢带到学校？他们喜欢怎样玩？……于是，遵循自由性与约束性统一的原则，我在每个星期拿出一节课，让他们带自己喜爱的玩具，自由地玩耍，但条件是其余时间必须杜绝携带玩具到校。以一周的"约束"换取一节课的"自由",孩子们欣然答应。在那节课上,我会注意学生玩时的安全与和谐,指导他们玩的技巧,引导学生在与他人分享、合作、组织、协调、冲突的过程中有效进行社会互动,遵守规则,获得愉悦感和社会性心理的发展。

4. 爱心——用儿童情感去熏陶

有人说:教育是慢的艺术,是等待的艺术,是育心的艺术,更是爱的艺术。那么,如何爱,学生才能感受到?如何爱,学生才能懂得?如何爱,学生才能珍惜?如何爱,学生才会成长?……

"你知道吗?陈老师的办公桌就像一个百宝箱。我发现同学们的作业本坏了,老师就从桌子里拿出订书机和胶带,帮助修补。一个同学胳膊摔破了,老师从桌子里拿出消毒水和创可贴。那天,我辫子没梳好,老师又拿出一把梳子教我梳头呢!桌子里还有暖宝宝、漂亮的表扬信、各种颜色的夹子、各种味道的糖果……嘻嘻,这些是我那天偷偷看到的。"

"那天我的语文作业本忘记带回家了,作业就没有写。第二天,我很忐忑地来到陈老师身边,向她承认错误。原以为她会批评我,可是,老师只是抬头冲我一笑,说:'没关系,及时补上就行,你学习从不偷懒,我信任你。'当时,我觉得老师美极了,我喜欢她冲我微笑,喜欢她信任我。我暗暗下决心,以后一定不再犯这样的错误。"

孩子们的情感丰富而敏锐。对于渗透在教育生活中的师爱,他们是能真切感受到的。细腻的关怀、真诚的情感、彼此的尊重,都会让学生愿意敞开心扉,接受老师、喜欢老师。有爱,一切教育就显得从容。

我们的班集体是情感教育的"沃土",儿童视角则是情感教育的"应然选择"。

(二)一心敬畏,一路寻

现在有许多班主任每天要面对烦琐辛苦的工作和来自方方面面的压力,但他们心中仍无限热爱着这个职业,他们仍保持乐观积极的态度,并陶醉其中。

这是多么深沉而可贵的情感啊!

走进老师的真实情感中,用心去感受他们的教育,无论是成功的还是失败的,对他们来说,都是用生命在积淀。能自然流淌出来的教育情感、教育执着,这样的教育才能走得长远,才有生命力。班主任情感的质量直接决定着班级情感教育的质量。我清楚地知道:只要一直行走在情感教育的大路上,就要心存敬畏,做自觉学习者,寻找更多机会,不断完善自我情感修炼,积累教育的"情感资本"。

1. 在阅读积累中学习

当读书成为发自内心的需要和对知识的渴求时,终身学习的迫切感也就产生了。朱小蔓老师的《情感教育论纲》《儿童情感发展与教育》,苏霍姆林斯基的《给教师的建议》《怎样培养真正的人》,陶行知的《教育的本质》《生活即教育》,朱永新老师的《新教育》《我的教育理想》,陈萍老师的《教师专业发展之道》,还有《情感学习》《做一名高情商教师》《幸福教育论》《做最好的班主任》《学校德育与班主任专业成长》等,都成为我阅读学习的资源。坚持阅读,让我有了学习的愉悦,收获了自信。这样的情感也影响着学生。

在一次阅读分享活动中,学生透过照片看到了我家的书房,纷纷提出:"老师,可以看看你的书房吗?"于是,我利用网络课堂向他们介绍了我的书房布局、收藏的书籍,并趁势向他们推荐阅读书目,还表示等到学期结束后,可以邀请爱看书的同学到我家做客,实地参观我的书房。我的阅读激情点燃了学生的阅读热情。于是,学生们掀起了一股阅读热潮。

一棵树摇动另一棵树,一朵云推动另一朵云,一个心灵唤醒另一个心灵,教育原本就是这样,班主任的情感教育更是这样。

2. 在教育学生中成长

学生发展是教育的最高价值感。强化学生的体验能力,增强学生的敏感性,才能丰富他们的情感。一位教育家说,教育是根雕的艺术。我想,教育既雕琢塑造了学生,也雕琢塑造了教师。教育教学中问题层出不穷,"座位问题""交往问题""学习问题""心理问题""纪律问题"等,无一不需要教师利用专业认知、专业技能智慧地解决。每一个问题的解决过程,也是教师情绪控制、情感外延、智慧彰显的过程。这一切不也是自身情感发展的磨砺和修炼吗?

3. 在与同行交流中激发

工作总会有倦怠感,有挫折,有迷茫。这些年来,我越来越愿意并乐于参与各种教育教学研讨活动。无论是交流工作经验,还是聆听专家讲座,都让我受益匪浅。在学习交流中,我可以接触到来自全国各地的优秀班主任。他们对班主任工作的热情,对专业成长的激情,对学生发展的真情,还有教育专家对班主任专业理论的引领,对我来说,都是教育情感的交流、教育智慧的碰撞。这些活动和人一次次激发了我对德育工作的热情,为我探寻情感教育之路点亮了一盏盏明灯,让我在班主任工作中勇往向前。

4. 在自我反思中完善

从不同角度、不同角色、不同时空去探究,班主任的情感养成必定会经历反思—实践—再完善的循环过程。教育家于漪说:"我有两把尺子,一把尺子量别人的长处,一把尺子量自己的不足。"首先,要自我认知。了解自己,才能扬长补短,把握情感的脉搏。其次,要自我反思。反思自己的情感、自己的经验、自己的实践,基于对学生的了解,用自己充沛的情感去唤起学生的生活经验,唤醒学生的情感体验,陶冶学生的情操,引导学生入情、共情、传情,实现思想共鸣和心灵共振。总之,情感培养是双向的,教师的情感修炼与学生的情感培养相辅相成。

我将这十年的教育经历与教育故事汇编成一本书——《左手责任 右手爱》。南京师范大学的齐学红教授和南京市教育科学研究所的李亚娟博士都给予了热心关注,分别为这本书撰写了序言:

陈海宁能够始终不忘初心,以自己的真诚与善良善待每一个孩子,在学校这个本该充满着生机活力的职场上,演绎着自己的教育人生。走进陈海宁老师和学生之间一个个充满灵性的教育故事,不禁为她的爱心付出和智慧表达所打动。

——齐学红

细读着她的教育故事，如沐浴在一种深海柔情、宁静教育的和风细雨之中，正如她的名字一样顺意。如果我们是孩子，定能体会到她深海柔情而宁静的教育氛围。为她的学生们感到幸运、幸福；为她的教育专业成长喝彩！

——李亚娟

她们的话语将我的教育情感和教育自信点燃了，让我自信地感觉到：自己成长为一名拥有"情感资本"的班主任了！

2016年初，全国中小学班集体教育专家唐云增老师细心地分析了书中体现的情感教育，进行了清晰梳理与充分肯定，精心制作了"陈海宁情感素养系统表"，并摘录了156句涉及情感教育的表现性词句。这让我对情感教育的认识越来越清晰。它预示着我在情感教育与班集体建设的道路上迈出了第一步。

二、六年一盏灯：做懂得"支持性情感"的班主任

朱小蔓老师作为我国情感教育思想理论体系的创立者，在中国教育的大地上树起了情感教育的旗帜。2015年，她正式提出"情感教育与班集体建设"理论。同年，中国陶行知研究会苏霍姆林斯基研究专业委员会在南京市江宁区召开成立大会。我有幸加入专委会，进入了又一个自觉学习、自觉实践的新阶段。

在学习过程中，我看到朱小蔓老师在情感教育思想中提出青少年在不同时期有不同的情感需求。在后来的阅读学习中，我又接触到"支持性情感"一词，即孩子成长中最缺乏、最需要的情感，如安全感、信任感、自尊感、愉悦感等。于是，我尝试去了解、去寻找、去实践班集体建设与"支持性情感"教育，希望做一个懂得"支持性情感"的班主任，在班集体情感教育的大路上寻求突破。

（一）点燃情感，积极探寻

一个班级就是一个情感场。情感教育就是关注这个"情感场"中人物的态度、情绪、情感以及信念，以促进他们的个性与社会性的健康发展。说到底，就是教育中情感的"点燃"与"被点燃"。

每个学生都有一个丰富的精神世界：舒适感、恐惧感、自信感、自爱感、自豪感、友善感、自责感、孤独感、受辱感、使命感、成就感、失落感、受挫感、沉沦感……情感的丰富多样使得教师在班级生活中不可能面面俱到，什么都去培养。

马斯洛的需求层次理论告诉我们，人的需求分为生理、安全、社交、尊重和自我实现五个层次。同一时期，一个人可能有几种需要，但每一时期总有一种需要占支配地位，对行为起决定作用。我想，学生的情感需要也是如此。同一时期，一个孩子可能有几种情感需要，但每一时期总有一两种情感需要占支配地位，对他们的情感行为起决定作用。于是，我便在工作中细心观察，果然发现学生在不同的年龄阶段存在不同的情感需求。我尝试在班集体建设过程中，在学生发展的不同阶段，寻找他们最缺乏、最需要的情感。我把这种阶段性的、主要性的情感称为"班集体建设阶段支持性情感"。围绕学生不同阶段的支持性情感，我有针对性、有目标地开展班集体建设与情感教育，让这些支持性情感在学生内心持续、内发、内控地生长，达到情感教育的长远目标。

情感教育应找支持性情感，那么，学生在不同阶段的支持性情感究竟有哪些呢？

通过对学生、家长、教师进行问卷调查，以及对学生日常情感表现的观察记录，我进一步发现学生的阶段性支持性情感不是固定的，也不是绝对的，更不能机械地分割成段，而是相对集中性的教育目标。班级、家庭、学校、社会都是影响学生情感的因素。所以，不同的班级，即使在相同阶段，支持性情感也可能会不一样。于是，我向学校申请带一个大循环的班级，以便开展"班级支持性情感教育"的尝试，希望通过六年的探寻，在班集体建设与学生支持性情感教育上能有突破。该举措得到学校领导的大力支持。

后来，结合班级实际，通过多方调查，我又把小学阶段的班级情感教育按低、中、高年段分为三个层级：低年级时帮助学生建立安全感与归属感，中年级时帮助学生走向自信与友善，高年级时帮助学生奏响责任与尊重的情感主旋律。

（二）发展情感，分层体验

支持性情感的培养有了着力点，才能得以实施。为了有效培养学生在不同年段的支持性情感，我努力寻找每个阶段支持性情感培养的着力点，并予以践行。

1. 低年级

为了培养安全感与归属感这一支持性情感，我着力从以下四个方面进行。

一是从姓名入手，激发学生对老师的爱。这么多年来，我每一次接手新班级，在与学生初次见面前，都会对学生的名字做足功课：查准读音，准确喊出学生的名字；理解名字含义，初次见面好交流；记住名字，让学生感受幸福。这一教育举措，以教师的爱诱发学生的爱，极大地激发了学生对教师的情感，让学生产生安全感。

二是开发别样课程，拉近心灵距离。开学前几天，我并不着急进行学科教学，而是设计出各种各样的活动，帮助学生了解同伴、认识老师、熟悉校园。比如，参观老师的办公室，与老师合影，开展"看谁认识的朋友多"比赛活动，帮助他们记住同学的姓名；带着学生认识校园的各个角落，并拍摄照片贴在教室里，随时记忆，和学生一起做各种游戏，进行课间活动安全教育等。功夫不负有心人！经过一个星期，学生对学校、班级不再陌生，也不再害怕上学，真正获得了一份安全感。

三是利用班级故事，传递情感。我寻找、挖掘学生的生活资源，拍成照片或录制视频，利用初页或美篇等 App，图文结合地做成"班级每周故事"小视频，用一个个故事、一张张照片、一句句话语，展示着多元教育、多元评价，帮助学生学会相处、学会坚强，让学生感受温暖，热爱班级。同时，也向家长传递正确的教育理念、教育方法，帮助家长提升教育技能。这些行动让班级故事成为学生的精神所需，为学生建立起了进取的情感基点。

四是创建特色班级，让学生拥有归属感。班花、班徽、班服、班旗、班歌都可以体现班集体的特色，凝聚班级精神。我们设计出了独一无二的班服：正面印着学生设计的图画，签上自己的名字，背面是班徽——"微笑的向日葵"。我们还创作了独一无二的班歌、班徽、班旗。因为独特，学生自豪；因为优秀，学生团结。就这样，我为学生营造了安全、舒展、诚实、信任、能惬意生活的班级情感环境，让班级成为学生的归属。

2. 中年级

为了培养自信与友善这一支持性情感，我着力从以下三个方面进行。

一是着力塑造"明星"，培养自信。我尊重学生的个性，并为他们提供发展的空间。于是，班级有了许多"明星"：魔方达人、军事小专家、漫画才女、短跑健将、演讲冠军、剧场导演、英语之星、高尔夫小王子……我们还在班级创设了"班级吉尼斯纪录榜"，鼓励学生展示各种技能：折纸、做俯卧撑、跳双飞、踢毽子、翻花绳……班级塑造这些"明星"，既培养了学生的自信，也发挥了榜样效应，更为集体争得各种荣誉。班级先后被评为区优秀特色班集体、南京市优秀少先中队。

二是在集体生日中培养友善。学校教育的主体始终是学生，我在教育中注重对学生情感的诱发。从一年级开始，我便坚持做一件事情——记住每个学生的生日，在其生日当天为其过集体生日，让同学们送上祝福，感受集体的欢乐，培养了友谊。到了二年级，引导学生去记住父母与科任老师的生日，并用自己的方式去传达祝福、传达情感。在这个过程中，学生所有的积极情感因素被调动，发展了友善需要。这种"以情育情"的方式，使教育活动最大限度地培养和发展了学生的道德感、理智感、美感等社会性情感，使学生获得了丰富、深刻的情感体验，而这些正是学生健康成长不可或缺的。

三是组织亲子活动，促进和谐。学生的情感培养需要家庭、社会、学校多方携手。我成立了班级家委会,坚持每学期至少举行一次亲子活动,如低年级邀请家长进校园、进课堂;中年级走出校园,到野外、公园去开展亲子教育活动。例如,三年级时,我们到房车基地举行了"十岁成长礼",到草地露营;四年级时,到方山顶举行拜月礼,到杏花村寻找第一朵杏花……在温暖的阳光下,家长、孩子、老师一起游戏;皎洁的月光下,呢喃细语,交流育子经验;和煦的春风里,探索自然的美妙……这使班级生活与家庭生活交汇生长,弥补了家庭生活中情感关怀的不足。

3. 高年级

为了培养责任与尊重这一支持性情感,促进学生的社会性发展,我着力从以下三个方面进行。

一是开展剧场活动,悟情、传情。班级是具有保护功能并指向合作与社会秩序的人类情感的时空场,一个活动就是一个情感世界。我坚持开展"德育剧场"活动,即以剧场为德育媒介,创设一个个虚拟的社会或生活情境。选择题材、创作剧本、角色扮演、排练表演、情景体验、讨论评论,每一个环节都是德育的契机。引导学生在这个小型的"剧场"中亲身参与、自然感悟,明确责任意识,学习尊重与沟通、服从与合作,不知不觉地进行情感体验、道德感悟、能力提升、思维训练和品格完善,促进彼此德行与生命的成长,这是一次次无痕的情感教育。

二是岗位服务,乐善、行善。为了培养学生作为"社会人"的责任意识,我在班级设立了各种岗位分工,以及志愿者服务岗,鼓励学生自愿申请,为班级、学校提供服务,把责任付诸行动,将德育化为实践,激发学生行善、乐善。现在,班级志愿者活动已经延伸到了校园之外。我们主动对接社会上的志愿者组织,利用课余时间带领学生和家长参与,让学生在服务和奉献中进一步提升服务他人、奉献社会的情感。我们还与安徽、甘肃等地的希望小学结成联谊学校,手拉手,一起成长……

三是微笑"向日葵",给人送温暖。朱小蔓老师倡导:"集体要为个人发展、个性丰满服务,因为他人是个人发展的明镜,通过与不同人共同生活的经历,学会发现他人、欣赏他人，尊重、接纳，甚至容忍、宽恕他人；同时，集体更要创设平台和机会让个人展示心智的独特性和才情。"我在班级墙上设计了"向日葵大花园"，结合学生生活的细节，抓住教育契机，利用各种方法，创设情感教育平台，鼓励学生捕捉幸福、学会感恩、学会感动、学会奉献，做微笑的"向日葵"，稳固情感教育基础。

学生支持性情感的教育，促进了优秀班集体的形成；优秀班级又成为教育的温暖沃土，激发学生情感良性发展。在我的班级，每个细节都是情感教育的素材，每个节日都是情感教育的时机，每个孩子都是情感教育的老师，每次活动都是情感教育的途径，每个团体都化为情感教育的沃土，每位家长都成为情感教育的同行者。

在整个实践过程中，我发现学生的情感是在不断变化的。纵向来看，呈现出的发展趋势是：出现问题，不平衡→实施教育，平衡→新问题出现，打破平衡→调整方法，新的平衡……在这样的循环过程中，情感呈螺旋上升之势，最后趋向成熟、丰富。横向来看，学生个体的情感是一个复杂的世界，无论是对自然的感受、对艺术的感受，还是对人际情感的感受，都是错综复杂地变化着、发展着。每一个教师都可以根据班级学生实际，确定适合本班的支持性情感。

无论什么样的支持性情感，只要情感教育与班集体建设相结合，就能使情感教育与班集体建设走向新境界。

（三）提升情感，点亮灯塔

在探寻实践学生支持性情感的同时，我也思索着教师的教育情感发生、发展、外延与内化。这些年来，我一直与来自全国各地的老师一起学习苏霍姆林斯基教育精神和朱小蔓老师的情感教育理论。从研究优秀班集体建设，到探究学生情感教育，再到探寻学生支持性情感，一路走来，我发现班主任也具有独特的情感。

班主任应先具有人的发展过程中的基本情感。但在人的发展过程中，由于职业的不同，又各有不同的"职业情感"。中小学班主任是教师，因而具备了教师的一般情感,但教师不一定是班主任。所以,班主任又具备了不同于一般教师的特殊情感。我大胆地将这样的情感叫作"班主任情感"。

那么,在这么多的教育情感中,班主任应该具备哪些有别于科任老师的特定的"班主任情感"呢?当我提出这样的思考后,唐云增老师和吴盘生主任觉得这个话题很值得探究,我们形成一个新概念,叫作"班主任支持性情感",就是探究班主任这个"职务"必须具备的、起支持性作用的重要情感。

根据自己的工作经历、经验,结合对身边班主任的调查,再与专家们进行探讨,我发现,"班主任支持性情感"主要有高度责任感、情智协调感、自律自尊感、学习迫切感、教育敏锐感、多元审美感、相互信任感等。如果班主任结合自身情况,选择支持性情感进行自我情感提升,就会获得更丰富的"情感资本",点亮情感教育大路上的明亮灯塔。

情感教育,是一道永远求解的未知方程,是召唤前行的教育大路。期待更多的同行者拥有像朱小蔓老师那样清澈的"情感教育之眼"、纯净的"情感教育之心",在情感教育与班集体建设的征程中,关注学生情感,传达师爱温暖。

情感教育,永远在路上……

陈 萍

江苏省特级教师,江苏省扬州市教育科学研究院副院长,中国教育学会班主任专业委员会首任理事长,中国陶行知研究会苏霍姆林斯基专业委员会副理事长,苏州大学客座教授,扬州大学硕士生导师。教育部特聘中小学教材审查专家、国家级课改实验区专家、校长教师培训专家,中国教育学会特聘"未来教育家成长导师",《中小学班主任》杂志主编。主持省部级重点课题5项,主编、参编教材教参百余本,发表论文百余篇,出版《教师专业发展之道》《走向主体发展的品德教育论纲》等专著20部。

促进主体发展的教育追求与实践

一、唤醒主体意识，激发生命潜能，做学生的人生导师

海德格尔说："以什么为职业，在根本意义上，就是以什么为生命意义之所寄托。"1987年，我站在了创办于1888年的百年老校——扬州市育才小学的讲台前，成为一（3）班的班主任。自此，我的生命意义就寄托在教师这份职业上，寄托在引导学生成长上。

刚工作一个月，我和我的班就登上了全市公开课的讲台。第二年，我在广陵区"育花奖"教学大赛中获奖后，领导让我新接一个班，担任江苏省重点课题"情境教学法研究"实验班班主任，继续教语文和思想品德。实验班要进行前期、中期、后期检测，并且和平行班作对比，因此，入学摸底测试试卷全部由校领导批改。

领导改完卷子后就把我叫去校长办公室，说班里有个孩子（以下叫小J）的语文、数学试卷上什么都没写，连名字也没有写。校长还到班里对小J进行了观察，说她的智力也许发育比较迟缓，为了孩子好，最好让家长带孩子到城南培智学校去报到。

晚上9点多，小J的家长来找我，跟我讲了孩子的情况。她爸爸伤心地说：

"我们家的日子现在就过得不好，如果孩子上了那个学校，长大了……你说我们后半辈子去指望谁呢……"恻隐之心，人皆有之。看着这对含辛茹苦、生活困窘的夫妇，我真的太想帮他们了！我说："要不这样，你们明天带孩子到教育学院去测一下智商，说不定孩子智商是正常的，只是你们的家庭早期教育没有及时进行，这样我才好去说服校长改变决定。"

第二天中午小J的妈妈来了，拿了张诊断书，诊断结论是"儿童智力发育迟缓"。我说："这个诊断结论可能没法说服校长。"但看着小J妈妈为了女儿而焦急的目光，我决定尽自己的努力去帮帮她们。我鼓足勇气走进校长办公室，说："校长，小J这个孩子很可怜，家庭又贫困，我能不能把她留下来？"校长说："我也不是不同情他们，但是我们也要考虑成绩的呀。"我说："不就是每次平均分减两分吗？这个您放心。"因为我带的班的语文均分比平行班高8～10分。校长说："你把她留下来，谁负责？"我说："我负责！"就这样，小J最后留在了我的班里。

开学第二天教汉语拼音，别的同学写得都很顺利，只有小J满把握笔，头低到了桌子上。我握着她的手，在她耳边轻轻讲怎么写左半圆、小竖带小弯。但上课我必须面向全体。那时我住在校园里，放了学，就把她留下来，握着她的手，教她写字，搂着她给她讲故事，但她几乎不说话。有一天，我们写完了作业、吃完了饭，她的家长还是没有来。那时没有电话，无法联系到家长，我就帮小J洗了澡，让她穿上我的衣服。我发现她在那里看自己，左看看右看看。我记得那天给她穿的是一件白色的、带木耳边的、我最漂亮也是最小的一件衣服。她笑嘻嘻地跑了出去又跑回来，喊我"老师——"。这是世界上最动听的声音！语言是思维的外观，她主动喊我，主动跟我说话，说明她的心智开始活动了！20多年后，我看哈佛大学的公开课——《幸福课》，其中，沙哈尔教授讲到"touch"这个方法，即对早期有些自闭、智力发育缓慢的孩子给予触摸、爱抚，可以让他们找到安全感，建立信任感。没想到出于对小J的怜爱，我竟在无意中运用了世界上前沿的积极心理学的方法。

上二年级后，她仍然沉默寡言。即使让班级里活泼的女孩拉她一起玩，她也很难参与。一次课堂默写四个词语，她对了三个，我觉得这是推动她与人多交往、建立信心的好机会！我高兴地说："小J是我们班进步最大的同学！同学们，学习上我们不要跟别人比，只要跟自己比，每天进步一点点就会越来越优秀！今天我们先改选一下语文小组长，每个小组都选进步最大的同学。"小J全票当选！是同学们选的！

要收作业本了，班里的同学都知道要帮助她。一下课，六本小作业本整整齐齐地放在她面前。她拿过来就要交给我。这可不是我要的。我说："同学们，陈老师一直说，自己的事情——""要自己做！"大家齐声回答。"那组长收作业本呢？"孩子们说："要自己收。"我说："把作业本发下去，组长自己收，明——白——吗？"我朝小J所在组的同学眨眨眼睛，他们明白了！这下收作业本可没那么容易了：有人藏着不肯给，一开始她只能站在那里等，脸憋得通红，后来会小声说"给我"，再后来会大声说"把作业本给我"！有个调皮的男孩拿着作业本说："嘿，作业本在这里，你来追我呀！"眼睛却看着我，我偷偷朝他竖起大拇指。他拿着作业本跑出去了，可小J还站在那里等。我说："快呀，老师要去办公室了。"她只好跑出去向男孩追讨作业本。就这样，每天收作业本成了她和同学们快乐嬉戏的时间。渐渐地，她的笑容多了，和同学说的话多了，自信心也更足了。

小学毕业时，我对小J妈妈说："大姐，我们的孩子只是开蒙比别的孩子稍晚了一点点，她是正常的。现在我不教她了，你们可不能放弃呀！"小J妈妈担心地说："陈老师，我们也不认识其他老师，以后怎么办呢？"我说："我无法辅导中学的功课，但是我会找名师来辅导她。"我找的几个中学名师听说小J的情况后，都热情地给予了帮助。小J有个非常伟大的母亲，我指向哪个名师家，她就风雨无阻，一定把孩子送过去。20世纪90年代找家教的人很少，小J很踏实，她妈妈很执着，老师也很用心，考高中的时候她顺利过线了。后来，小J的爸爸妈妈到我家来拜访。她爸爸对我说："我想过了，她上学一定要上好学校！我们当年要不是在育才小学遇到了你，她怎么可能上高中呢？扬州中学我就不想了，我想花钱送她去别的重点中学。"我说："我不同意！这九年我们培养的最宝贵的是孩子的自信心……"他们听了我的话,最后选择就近入学上了高中。

那年我们班有22个同学考上了扬州中学,扬州中学出过51位中科院院士和学部委员,优秀学生云集。学生告诉我,我们班同学在扬州中学基本都当了班干部。我说:"那是因为你们从小就能干呀!"确实,学生第一次扫地、第一次出黑板报、第一次组织集体活动……他们第一次做的事,我都会手把手地教,并且讨论清楚程序与方法。等他们掌握后,我就放手了,决不越俎代庖。上三年级后,他们就能按照我的方法自己提问、自读自悟、合作讨论了。

我也会跟孩子们示弱,告诉他们我做不好的事。比如要开运动会了,我说:"同学们,陈老师体育不行的,不能帮你们训练,你们看隔壁冯老师,身材高大,体育健将,这回咱班拿不到第一,大家都不要生气啊。"没想到运动会上,我们班还是拿了第一名!学生们忍不住把秘密告诉了我:原来高伟的爸爸是一名教练,他每天在学生上早读课前悄悄带小运动员们训练了!我们班的学生家长真好啊!

小J高考那年,我最惦记的就是她了。出分之后,我知道了她的分数,正好卡在本科线。她的爸爸妈妈又一起到我家询问填报志愿的事情。我爱人是南京大学的博士、扬州大学教授,一直是我的"副班主任",小J填志愿当然得请他。他建议填边远一点的地区,我说我舍不得!我很清楚,她的应试成绩是提高了,但是人际交往、生活自理能力还不行。我先生说:"要不填省内一个冷门学院的冷门学科?"这是个好主意!当年江苏省教育厅聘请了29位语言文字专家,其中27位到高校担任教务处长或副校长,基础教育届聘请了两个,我便是其中之一。由于常去高校检查验收工作,我也就认识了一些高校的老师。

为了帮助小J,我坐上汽车去了她计划报名的那所大学。学校的陆处长问我:"不就是填志愿吗,你这么远还专程赶来?这个学生跟你到底是什么关系?"我和小J到底是什么关系呢?过去的学生?我不想说孩子的过去,大多数孩子是三月开放的花朵,她是六月开放,只是比别人晚了一点点,有什么关系呢?但我还是希望能帮到她。我站起来郑重地对陆处长说:"这个孩子是我用自己的生命点亮了她的生命，我还会用我的余生一直去关注她的成长。"陆处长也站了起来说："你不用说了，我明白了，这就是你的'女儿'！"我说："对，请您这次务必帮帮她，以后我一定不再给您添其他麻烦。"陆处长当时就感慨道："我们都是当老师的，你能为学生做到这样，我怎么能不帮？"后来，他不但帮小J进了报考的系，还帮她转到了外语系。我们商量后觉得小J毕业后直接找工作可能会困难，不如让她把外语学好，将来考研，以后好找工作。

上大学的那年国庆节，小J回来看我。我说："找个地方准备雅思考试吧。"小J很惊讶。我说："上大学不是目的，只是路径和手段，你现在学了外语，多了解一点说英语国家的历史文化没坏处。"我没有跟她说我在帮她做职业规划，因为这个孩子的心思很重，但只要是我说的，她都会非常认真对待，我不想给她压力。而且，这么多年来，我对她的引导都尽可能不留痕迹。果然，大一寒假，她就去报名学雅思了，到大二时考了6分。

就在这时，陆处长给我来电话，说学校有让学生出国留学的名额，可以拿国内国外双学士学位，问我小J想不想去。我说："太感谢您了，她的确需要换一个环境锻炼一下自主能力，而且她已经考过雅思了。"陆处长说："正因为她有雅思成绩，全年级没几个人有，我才打电话问，不然就不打了。因为这次是外国专家来面试，我帮不上忙。"我说："感谢您又给了机会。谋事在人，成事在天，让她去锻炼一下吧。"但我还是替她捏了把汗。

没想到，外国专家面试的结论是：这个学生与众不同，她被录取了！小J是一个与众不同的孩子吗？试问，100个大学生里，有多少人敢和她比一比非智力因素呢？我是不敢。当年，看似我们全班同学一直想要帮助小J，但其实她早就成了我们班满满的正能量代表。我常看到有的孩子做事不认真时，有同学就说："你看小J都做到了，你为什么做不到？"于是，他们马上就会自我调整。100个大学生里，有多少人回家后还会用手搓洗父母换洗下来的脏衣服？她可以。100个大学生里，有多少人会坚持在每个节日第一时间给老师发感恩、祝福的信息？这么多年，她做到了！她说得最多的就是："真不好意思，我以前太让您操心了。"这是一个多么懂得感恩的孩子！正因为有着这样感恩的、温暖的心,她才能不断得到别人的助力,是很多人一起促成了她的成长。我们评价学生真的不能只以纸笔考试来衡量!

接下来就是办签证了。但因种种原因,两次都被拒签了。在我的劝说下,她妈妈决定再试一次。

9月,她妈妈说:"陈老师,我们去上海了。"我们已经不愿意提"签证"这两个字了,因为那时已经开学,和小J一起通过面试的学生也都飞走了。我说:"为了孩子,祝你们好运!"下午我家的电话铃响了,是小J爸爸打来的。他说:"陈老师,我们拿到签证了。我第一个电话就打给你,我知道只有你最关心我们孩子了!如果十多年前我们不是在育才小学碰到了你,如果她上了别的学校的话……"话没说完,他就哭了。小J妈妈接过电话说:"陈老师,我对小J说过,如果出了国,有了出息,哪怕忘了爸爸妈妈,我们都可以不怪她,但她这辈子都不能忘了你。你不但是她的恩人,也是我们全家的恩人啊!不然我们下岗以后也不会这么拼命,就是因为你不停地跟我们说,家长要给孩子做榜样,你们一起努力,你们家一定有希望……"我在电话这头听得泪流满面。我说:"大姐,你们不用谢我,这十多年,你们为孩子付出的太多了,你们为孩子流的眼泪也太多了。正因为你们的不离不弃,她才有今天啊!你们是我最敬重的学生家长!"

后来小J大学毕业找工作的时候,我先生还帮她做专业方面的备课,我负责辅导她怎么讲解。她的英语表达很流利,顺利通过了。是的,她用超乎常人的努力,赢得了自己的精彩人生。我也非常感谢她,正因为她和她家人一起努力走向了成功,让我更加相信教育的力量,更加坚定了我的教育信仰。

几年后的一天清晨,小J妈妈给我打电话说小J生孩子了。我和先生去医院看望了她。有一年春节,小J带着孩子到我家来拜年,小家伙扑在我的怀里搂着我的脖子。我抱着这个健康的、聪明的宝宝,心里一阵后怕。我在心里说:宝宝啊,如果在20多年前我放弃了你的妈妈,如果她真的上了培智学校的话,她今天会在哪里?会和什么人在一起?会过着什么样的日子?还会有你吗?我也想说,等你长大了,一定要像你的妈妈一样执着,一样努力,一样怀有一颗感恩之心。

爱是什么？教育爱又是什么？教育爱不但有感性之爱，更应当是充满智慧和理性的爱。教育爱意味着对每一个生命主体的理解和珍惜。老子和庄子告诉我们如何爱自己，孟子则告诉我们如何"老吾老，以及人之老；幼吾幼，以及人之幼"。中国主流的传统文化，就是以仁爱为主题的园丁文化！

班主任和学生是什么关系？每一个生命在教室里与我们相遇，他们是学习的主体，我们陪他们度过一年、两年……每一次的相遇都值得我们去珍惜。我们在他们的生命里到底能扮演什么样的角色？在教室里，真正需要我们投入更多的精力去关心、关注的是什么人？恰恰是那些家境贫寒、家长教育能力弱、自卑、自控能力弱、没有自信心的孩子呀！因此，衡量班主任的第一个标准应当看他如何对待弱势的孩子；衡量基础教育学校的标准不是看有多少孩子考到了重点学校，而要看学校对待弱势家庭的态度。教育的底线是：不要伤害任何一个孩子。

教育的本质是什么？是对受教育者主体性的培育过程，是一种主体性教育。其核心是发挥学生的"主体性"，承认学生的"差异性"，促进学生素质的全面提高。主体的内涵包括自主性、能动性和创造性。教师作为学生认识活动的主体，客体主要是教育、教学规律，相关的文化科学知识，以及学生的实际情况。教师主体性的发挥，主要落在一个"导"字上，是"引导""指导""诱导"，最好是将自己的教育意图隐藏起来，在真实的情境中，抓住契机，不着痕迹地顺势而导。

二、明确主体责任，以自己为研究对象，加强核心素养修炼

2008年，《江苏教育》计划出"苏派名师"专刊，邀我作为"苏派德育名师"写一篇文稿。我写了《我的教育追求：促进主体发展》，表明了我的教育主张——班主任当以唤醒学生的主体意识、促进学生发展为己任。

1998年，我当教研员时，即以促进教师主体发展为己任。教育部基础教育

司在全国课改大会上播放了我执教的《有多少人为了我》教学视频,并将教学光盘发放全国各省。教育部课程中心、基础教育司、师范教育司、中央电教馆等纷纷邀请我担任国家级课改试验区专家、国家级培训专家,讲座讲学300余场。中国教育学会在扬州召开会议时,推广了我的"学生主体活动研究"课题成果,邀请我担任"未来教育家成长导师"。《中国教师报》在2009年的教师节头版,以三个版面刊登《教师专业成长的领跑者——记江苏省扬州市教育局教研室教研员、特级教师陈萍》。

2009年,我担任全国班集体建设研究中心副主任,协助全国班集体建设研究第一人唐云增先生,开始以班主任为主体,为班集体建设而努力。此后,我国的班主任事业有了突破性的进展。

2014年10月16日,中国教育学会秘书长杨念鲁先生亲自到扬州主持中国教育学会班主任专业委员会成立大会,李希贵副会长宣布中国教育学会班主任专业委员会成立,中国的班主任研究从此有了自己的学术归属;时任江苏省委组织部副部长的胡金波授予中国教育学会班主任专业委员会铜牌,就此揭开了中国班主任研究历史的新篇章。参会的每一个人,在江苏省扬州市邗江中学礼堂,亲眼见证了这一神圣的时刻。

在这样的历史时刻,我们倍感责任重大。我不禁想起第一个登上月球的阿姆斯特朗走出登月舱时说的一句话:这对我个人来说是一小步,但对整个人类来说是一大步。作为第一届中国教育学会班主任专业委员会的代表,我扪心自问,该怎样撰写中国班主任专业发展的历史新篇章?怎样才能不辜负领导的厚爱,不辜负前辈的重托,不辜负全中国班主任的期望?……

在担任中国教育学会班主任专业委员会理事长的就职演说中,我提出了六大工作设想:(1)建立健全组织,形成覆盖全国的工作网络;(2)运用现代技术,建设多维立体的交流平台;(3)注重教育科研,为教育行政部门提供意见和建议;(4)建设专家团队,开展班主任专业化培训;(5)研制专业标准,打造先进典型;(6)定期举办年会,创立品牌活动。

胡金波副部长亲自为我授牌后,在讲话中说:"这是中国教育学会首个分支机构落户江苏，这是江苏基础教育届第一次有人担任理事长，这是江苏教育的光荣，可喜可贺……"自此，我成了全国中小学班主任的班主任，全国的中小学班主任成了我服务的主体、研究的对象。

重任在肩，夙兴夜寐。班主任怎样才能不辱"立德树人"的光荣使命？如何才能"成为学生的人生导师"？已欲立而立人，已欲达而达人。

回望1987年入职以来，自身专业得以发展是因为我一直在以科研的方式做教育。1988年，我成为李吉林"情境教学法"实验班教师，那时是跟着走；"十五"时期，我主持省重点课题"品德教育中小学生主体活动探究"，带领扬州39所学校做研究，出版了《走向主体活动的品德教育论纲》，这期间发表论文40多篇，如在《人民教育》发表的《观察 体验 互动——一个教研员听课评课的故事》，在《课程·教材·教法》发表的《新德育课程与课堂教学》等。

活动，是为某种目的而采取的行动。以学习者为主体的活动是教学活动的生命体现，有利于形成学习者的主体性品质，有助于实现教育的最高境界——自我教育，从而促使学习者领悟做真人的内涵。体验，是"以身体之，以心验之"。根据具身认知理论，"将具有各种感知运动功能的'身体'置于认知活动的核心位置，人可以通过身体与环境的交互活动影响大脑的思维方式和对客观世界的认识"。当然，可让学生亲历亲为的活动是有限制条件的。我们所指的"体验"不仅指直接体验，也包括间接体验。我们探索出了"游戏表演——角色内化活动、亲历体验——激情感悟活动、阅读思辨——移情矫行活动、成果展示——经验分享活动、法治实践——政策建设活动"五种以学生为主体的德育活动样态（如图1）。

"十一五"时期，我主持了省规划重点课题"品德课程实施中的公民教育实践研究"，德育引导从学校小课堂走向了"大社会"。从2005年开始扶持的扬州市汶河小学的孩子通过实践活动，推进了扬州市33项公共政策的改进，多次参加国际研讨。这期间，我发表了《小学语文赛课活动方式的变革》《语文课堂教学资源筛选之我见》等文章。

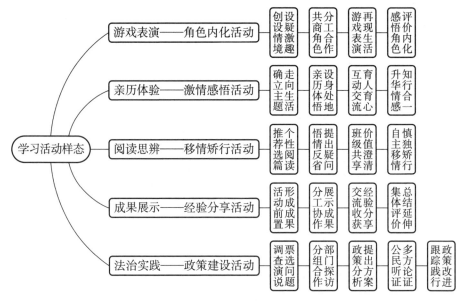

图 1　以学生为主体的德育活动样态

过去我以学生为研究对象，从教学策略研究转向主体活动、实践活动探究。现在，我应该以教师、班主任为研究对象，引导他们研究自己，唤醒他们的专业自觉，在研究中学会研究，走科研引领的专业发展之路。

"十二五"时期，我主持了教育部重点课题"教师职业生涯规划与专业发展"。我们以全国 15 个省 85 家子课题单位为依托，以科研的方式探寻中国班主任专业化发展的内涵与路径。通过问卷调查、现场访谈、文献资料研究等方法，我们开展了"中小学教师职业生涯规划与专业发展现状调查""班主任专业化发展现状调查"。全国 29 个省（市、自治区）的 10258 名班主任参与了本次调研。

其中，"您在大学接受班主任课程教育情况"中，"没有"的为 5297 人，占 51.64%；"有，但没有专门教材"的为 3771 人，占 36.76%；"有教材，但学习不足一学期"的有 682 人，占 6.65%；"有教材，且学习超过一学期"的为 508 人，占 4.95%。

"您初次担任班主任，接受专门的班主任岗前培训时间"中，"0 小时"的为 4108 人，占 40.05%；"1 小时以内"的为 1592 人，占 15.52%；"1～3 小时"

的为 1814 人，占 17.68%；"4～7 小时"的为 704 人，占 6.86%；"8 小时及以上"的为 2040 人，占 19.89%。

对于"您担任班主任工作的职业感受"，"任务繁重，疲惫不堪"的为 6294 人，占 61.36%；"信心满满，有一定成就感"的为 2626 人，占 25.60%；"情况复杂，不知所措"的为 580 人，占 5.65%；"得过且过，有倦怠感"的为 498 人，占 4.85%；"灰心丧气，有挫败感"的为 260 人，占 2.54%。

"假如可以自由选择，您还会选择当班主任吗"中，"一定会"的为 2536 人，占 24.72%；"不会"的为 5282 人，占 51.49%；"没想好"的为 2440 人，占 23.79%。

更多数据显示，我国班主任专业标准不明，核心素养不清，班主任在大学接受专门的班主任课程训练极少，岗前专门培训不足，职后培养薄弱，外在专业支持严重不足。班主任对自身专业认知不足，责任边界不清，往往面对的学生千变万化，工作千头万绪，吃尽千辛万苦，不少学生和家长却千指万责，职业感受不佳，任职意愿很低。

如何帮助班主任唤醒专业自觉，探寻发展方向，找到职业成就感呢？2015 年 10 月 16 日，中国教育学会班主任专业委员会第二次学术年会在华中师范大学第一附属中学举行，我做了"班主任专业发展之核心能力建设"专题报告，提出班主任要建设六大核心能力：规划设计能力、沟通协调能力、活动创新能力、实务研究能力、心理辅导能力、自我读悟能力。相关文章后来发表在《中小学管理》上。

"十三五"时期，我开始专注于班主任研究，申请的"班主任核心素养及培育的实证研究"也被列为中国教育学会重点规划课题。

2018 年 3 月 20 日，该课题开题，中国教育学会副会长袁振国、心理学家卢家楣等到会支持，全国 26 个省（市、自治区）110 多个地区和学校子课题单位 800 余人参会；2020 年 12 月 9 日，在子课题单位北京新东方扬州外国语学校举行结题大会。受疫情防控影响，现场 300 余人，同时向全国网络直播，近万人在线收看。四年来，参与班主任研究、课题活动的班主任达 40 多万人，促成了扬州率先开评特级班主任，引领着中小学班主任素养发展的方向，推进了名班主任工作室研究，促进了区域班主任优秀团队建设和班主任核心素养提升（班主任核心素养的要求见图2）。课题组成员在省级以上期刊发表相关论文130多篇，出版专著12部，案例汇编200余册。

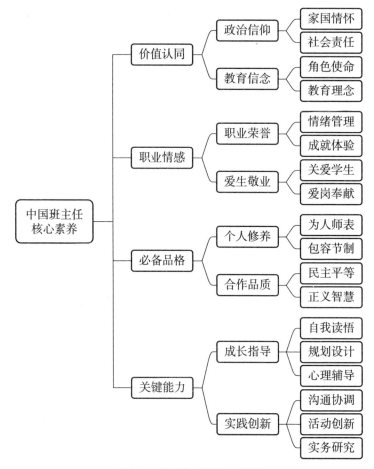

图2 班主任核心素养的要求

我还创办并主编省级期刊《中小学班主任》，"扬派班主任"每周主题论坛举行了239期，在《中国教育学刊》等刊物上发表了《论教师专业发展视域下的语言素养修炼》《学段融通式教师研训的本质内涵、价值定位与实践策略》等文章。

班主任核心素养主要指能够胜任我国新时代班主任专业角色所必须具备的

价值认同、职业情感、必备品格与关键能力，包括价值认同等四个维度，政治信仰、教育信念等八大素养，以及家国情怀、社会责任、教育理念等18个基本要点。

30多年的坚守，30多年的探索，我的研究对象从学生到教师再到班主任，理论建构从主体性到主体间性再到主体公共性，我主持的"走向主体活动的品德教育""价值立德的活动—体验型'大思政'教学"先后获江苏省基础教育成果一等奖，专著、论文八次获省市人民政府哲学社会科学成果奖。

30多年来，我研究的视角从看向无限广阔的外部世界逐渐转向内部。未来，期待和全国的班主任同行一起，无限深刻地发现自己的内心。只有我们自身"有理想、有本领、有担当"，才能以我们的光源去照亮学生走上中华民族伟大复兴的道路。

杜嘉陵

上海市南洋模范中学语文教师、班主任,上海市第三、第四、第五期班主任带头人,上海市杜嘉陵班主任工作室主持人。曾获上海市"十佳"班主任、上海市"为人、为师、为学"先进典型等称号。致力于学优生的价值引领和班主任工作的反思与重构等研究。在《现代基础教育研究》《上海教育》《思想理论教育》等刊物发表论文若干篇。

价值探索之旅

人生是一场探索，每个人都在探索自我生命的价值，探索外部世界的价值意义。高中生正处于价值观养成的重要阶段，常常会遭遇价值迷茫、价值困惑，找不到自我生命的航向。面对多元价值观并存的现代社会和鱼龙混杂的各类观点，学生往往容易产生价值模糊，甚至走入价值误区。作为班主任，我们需要关注学生的所思所想，洞察他们的心灵需求和精神渴望。

在青春的价值探索之旅中，班主任有时是陪伴者，有时是引领者，有时是启发者，有时是指点者。这些角色的转换，都是让孩子们在自我生命的探索中，展开对自我价值的追寻、对多元价值的辨析，从而做出合理的价值选择，走好自己的人生路。

一、从虚空中渐渐走出的年轻人

谁的青春不迷惘？有的孩子的青春迷惘，源自生命中不能承受之"轻"。

有的孩子，家境优渥，万事无忧，自己只需要读书就行，其他的一切家里都会满足，连未来的留学资金等，家中也早已备好。然而，孩子却只觉得没劲、无聊。青春无处安放，只能借助无名火来发泄。例如，女孩小沈的发泄方式是撕纸条、摔门、哭泣，吓得妈妈手足无措；男孩小陈的发泄方式是广交网友，网上乱骂人，挑起骂战，然后在日记里反复写着"活着没意思"。他们是有"公主病""王子病"，还是无病呻吟，或是青春期"为赋新词强说愁"的矫情呢？走进他们的家庭，走进他们的生活，做一番探究和思考，才能感到他们的痛苦来源——看似集万千宠爱于一身，实则并没有人关注他们心灵的需求。工作繁忙的父母提供了丰厚的物质条件，祖辈提供了无微不至的生活照顾，就连学习成绩，家里也没有要求。父母说，高兴就好，但他们就是高兴不起来，还常感到空虚无力，感觉不到自己存在的价值。这类"时代空心病"在当代的都市孩子身上并不少见。他们需要师长的引导、指点，更需要教师借助教育契机去给予帮助。

我给孩子们推荐文章，与他们谈心，让他们懂得，生命是一个空杯，需要自己去赋予价值，注入意义的琼浆。志愿者活动就是一个良好的契机。

班级结对了一个贫困家庭读初中的孩子。同学们在班级发起了义拍活动来为这个孩子筹集学费，我建议成绩好的小沈抽空为孩子补补课。小沈渐渐主动独自承包了这个任务，常常约孩子在快餐店见面，给孩子买份快餐，然后指导作业。在她耐心、细致的帮助下，那个孩子的成绩有了明显提高。孩子和家长的感谢，让小沈很开心。在帮助他人的过程中，她感受到了自我的价值和助人的意义。小沈的妈妈很高兴看到女儿脸上绽放的笑脸，积极支持她继续坚持助学活动。小沈就这样走上了志愿者之路，还参与了更多的志愿者行动，最后得到了上海市金爱心奖。多年以后回忆起那段日子，小沈说，谢谢老师给予她的引导和机会，让她走出狭小空洞的世界，接触到真实的生活，感受到自我的价值。

在网络世界中无聊晃荡的小陈，被我任命为暑期志愿者活动第一小组的组长。我故意给他压担子，告诉他男孩子的肩膀越长越宽就是用来担责任的。所以，他不仅需要完成志愿者服务，还得负责整个小组的各项工作，需要打好前站，做好记录，为后面几个小组写下注意事项。本来我还有些担心他不一定愿意做管理暑托班小朋友的志愿者事务，也担心他耐心不够又开始骂人，但是小陈却把这份工作做得有滋有味。假期里，他一会儿给我发一条信息，提醒后面的小组注意给小朋友盛饭的程序；一会儿又发一条信息，提醒该如何管理吵吵闹闹的小朋友。带队做志愿者的那一周里，他写下了几十条注意事项。围着他转的小朋友，让他多了一份做大哥哥的责任感和自豪感。服务结束以后，他还向学校咨询，向基地申请，希望再继续服务。这份经历让小陈慢慢走出了在网上漫游的空虚，渐渐变得脚踏实地，开始学习担起责任。

对于家长，我常常建议：要让孩子做家务，参与家庭决策，承担一定的家庭责任，让他们感觉自己是被需要的，有存在的价值，进而激发他们去更好地创造自我的价值。尤其是独生子女家庭，不能只是万千宠爱在一身，这样反倒让孩子要么感到压力巨大，要么活得轻飘虚浮，陷入空洞迷茫。让他们的肩上扛起一份重量，在被需要的感觉中去感受到自己的价值，才能赋予生命以意义。

二、从童话世界中跌落的小女孩

小林曾经像是生活在童话世界里的女孩，成绩优秀，家境优渥。进入高三后，学业虽然繁忙，但理想似乎就在不远处招手。但是，变故突如其来，爸爸妈妈离婚了。和美的家庭败给了残酷的现实，小林的心情一下子跌落到谷底。她无心学习，整日以泪洗面，成绩一落千丈。她怨天怨地，埋怨父母不顾她的感受，选择在她高三的时候离婚。她觉得天塌了，觉得这么多年父母之间的爱和他们对自己的爱都是假的。知道这一情况后，我找了一个无人的角落，静静地陪伴着她，让她尽情地倾诉和发泄。最后，她说："老师，我真想从楼顶跳下去！"我抚着她的背说："跳下去？这么高的楼，那会摔得一塌糊涂，多难看。"小林带着泪花噗嗤一声笑出来，说："老师，我也是这么想的。"我深知爱美的小林不会决绝地用这种方式来结束痛苦，但要想让她走出来，也不是一件容易的事。或许这个时候，班主任能够做的就是等待，等待她熬过痛苦，然后培植她自己内心的力量，用这份力量驱动她走出阴霾。此时联系家长显然不可取，因为她痛苦的根源就是来自家长，而且她的家长在情绪纷杂中还有些自顾不暇。

我细细梳理小林一路走来的轨迹，发掘那些富有价值的闪光之处，让她在回想自己的成长细节中，增强自我价值认同感，努力重拾信心。我跟小林说，自己一直记得她在周记中写的那些感动我的情景：面对生物课上被解剖的牛蛙，男同学们嘻嘻哈哈，打趣开玩笑，小林却颇有微词，觉得他们不尊重生命，牛蛙也如同医学解剖课上的大体老师一样，应该被尊重；小区里的景观水池需要清洗，小林发现池底还有许多小蝌蚪，就央求物业人员等一等，又拉着爸爸，一起把小蝌蚪捞起来"避难"，等池塘重新蓄水后再放回去；学校周边有很多三甲医院，常常有全国各地的病人来求医，看着痛苦的病人，小林奠定了要学医救人的愿望……在我心中，小林一直是一个心地善良、内心充满爱的女孩。她从小得到许多爱，也乐于付出爱。我启发小林："爱，就是生命的价值。被爱和去爱，让我们的生命丰盈。爱，还包含尊重与同情、理解与包容。爸妈的选择，未必没有考虑你的感受，这背后一定有他们的不得已。痛苦，有身体的伤痛，也有心灵的伤痛，这些都需要我们去面对、去承受、去理解、去消化。你不愿看到他人痛苦，曾立志要救死扶伤，那么，在学习救人之前，要先救己，让自己先从痛苦中挣扎出来，才会有力量帮助他人。"小林听后若有所思，似有所悟。在我的耐心陪伴下，她慢慢平静下来。在情绪的反复中，她逃学去了医院，但还是会发消息告知我她的去向。她去看那些受病痛折磨的病人，想想自己的理想和使命，慢慢学习自我开导：爸爸妈妈虽已经分开，但是对自己的爱不仅没有减少，反而因愧疚而增加了。妈妈尽管情绪有起伏，但一直尽力照料自己的生活起居，陪伴左右；爸爸尽管工作繁忙，但也一直坚持每天视频聊天，春节还全程陪伴。就这样，小林在父母的陪伴和我的肯定与疏导中，不再觉得自己是被抛弃的孤儿，重新认定了自我的价值，并且渴望着未来发挥更大的社会价值。

未成熟的生命遭遇突然的变故时，因为阅历尚浅、经验匮乏，往往容易轻易地对自我价值进行否定，陷入价值困惑。这时候，就需要班主任的耐心陪伴与细心引导，让他们在旁观者建立的镜像中重新发现自己，重新分析问题，找到自己的价值所在，激发起内心的力量，实现自我的拯救。

三、在混沌中摸索道路的愚顽少女

记得有一年新接一个班级后,有一天突然接到一个神秘的电话,一个女声用刻意压低的嗓音说,自己是妮妮的妈妈,想约我在校外谈谈,因为不能让女儿撞见,怕女儿认为她在告状。在妮妮妈妈的描述中,妮妮是一个劣迹斑斑、愚顽不化的孩子:借口身体不舒服不上学,其实是不想起床;妈妈叫了一次又一次也没用,叫到后来她便一脸不耐烦;晚上基本不睡觉,半夜还亮着灯,因为在上网;网线拔掉后就发脾气,还满地打滚;跟爸爸也吵,吵得左邻右舍都能听见,还在家里砸东西。妮妮的妈妈边说边擦拭眼睛,眼圈红了一次又一次。

我决定先观察了解一下。妮妮常常甜甜地笑着,一副乖孩子的模样;一双大大的眼睛,灵活地转来转去,透着几分聪慧,几分机灵,似乎还在观察老师的反应。我发现这个孩子在学习上显得漫不经心,但反应很"活络";小动作有点多——眨眼,挤眉,表情丰富,变化很快,似乎总在动个不停。多方了解后得知,妮妮其实患有"抽动秽语综合征",难以自控地好动,会用污言秽语乱骂人。在学校和家中,她都爆发过大冲突,寻医问药也没稳定。

原来这个似乎愚顽的少女是个可怜的病人,她的路在哪里呢?我继续观察、思考。我发现当小姑娘们叽叽喳喳说起日剧时,妮妮显得特别兴奋,会热情地向大家推荐。发现了妮妮的爱好,知道她还无师自通地了解了许多日语后,我建议妮妮妈妈一方面答应她假期去学语言的请求,只是需要设置不能荒废学业、成绩必须达到约定标准的条件;另一方面,请她也认识到不要对妮妮学习成绩的期望值过高,顺其自然,以防造成压力之下的反抗心理和行为。她沉迷网络,也是源于现实生活中没有目标,没有方向,缺乏上进的动力。家庭要为孩子营造更加宽松、和谐的氛围,让她去探寻自己的方向,找到自己的价值增长点。我也不断学习,尝试借鉴焦点解决短期治疗(SFBT)中的一些观点和做法。此项技术强调"正向为焦点的思考",强调辅导者给予对象振奋性鼓舞、赞许,以激发更多正向的力量。SFBT 技术利用了东方"阴阳"中"变"的思想,类似于中医中的扶正祛邪。只有充分激发起妮妮内在的价值追求,激发她内在的生命能量，外在的"邪毒"才不会对她造成太多的伤害。于是，除了寻求医生的专业治疗和指导帮助外，我注重因势利导，充分肯定她在班级游戏中的灵活表现，以及在周记中的生动描绘、写作才能等。及时的、正向的反馈也激发了她的自信。学校里社团活动不少，根据妮妮的爱好，我鼓励她参加"动漫社"等社团，让她在社团中找到兴趣相投的伙伴，找到自己的快乐。妮妮热情、活泼，我又鼓励她充分发展交际、沟通的能力。我跟妮妮强调：要想未来追求自己的所爱，就得现在认真学习，打下坚实的基础，有了基础，才可能跃上更高的平台。学习中自有乐趣，关键是要静下心来去发掘、去体味。妮妮的整体状态慢慢平稳了，渐渐地不熬夜了，不迟到缺席了，学习也有了进步。在家里的表现虽有反复，但冲突大减，妈妈的焦虑情绪也得到了缓解。多年以后，妮妮带着自信的笑容突然出现，说自己后来去国外学习传媒专业，很快就过了语言关，教授常表扬她胆子大、反应快、能力强。妮妮说，最忘不了的是老师引导她发现了自己的特点，肯定了自己的价值，寻找到属于自己的方向，如今她在传媒这个专业里学得很开心。多年来，妮妮自信的笑脸一直在我的脑海里出现，让我更坚定了帮助那些在混沌中的孩子去探索自己的生命价值，摸索属于自己的道路的决心。

四、建班育人的团队型活动

班主任的工作除了个别化的指导外，许多时候是落实建班育人的团队集体活动。我常常在班级中设计组织各类活动，引导学生进行价值辨析，进而进行价值引领。

高中生正处于价值观养成的重要阶段，但又常常存在价值缺憾、价值模糊、价值困惑等问题。我常借助反思能力的培养，引领学生思考问题，提升其价值认知、价值判断、价值选择等能力，培养他们的自省性反思能力、辨析性反思能力、批判性反思能力，循序渐进地引导其正确价值观的养成，助力其成长。

要让核心价值观走入学生心中，就要通过鲜活的生命实践，让孩子们在实践中去体悟。班主任需要敏锐的洞察力，在学生的学习生活中发现问题，了解他们的困惑，然后开展集体活动，在其中探索解决之道。

杜威言，学校即社会。社会中呈现的多元价值观，也必然呈现在学校生活的方方面面。高中生对于学校生活中的经历和见闻，往往会呈现出一些价值模糊的表现。班主任需要引导高中生回头反观校园生活中的某些问题，开展辨析性的反思活动，帮助他们明辨是非优劣，养成正确的价值观。

比如，搭建反思互动平台，引导学生经常开展"晓讨论"。"晓讨论"，本是指为班级所用的网上平台的栏目名称。在这个公共讨论的互动平台上，班主任发布值得探讨的话题，学生利用碎片化时间，三言两语地发表看法。大家的表达彼此可见，可点赞，可留言，可反对，可争论，但要求有观点，有阐释，有论据，有支撑。虽然只是简短的表达，但是意见之间相互参照、借鉴、拼接，就可以形成更完善的观点、更明晰的结论。"晓讨论"的形式突破了时空的限制，在设定的时间节点内可以随时发表，在网络的支撑下随处可见，更加灵活方便，也是"网络原住民"的青少年们适应和喜欢的形式。班主任积极鼓励学生关注学校生活，参与话题的收集和筛选，力求呈现真实的价值问题，以此激发学生进行辨析性反思。网络的隐身效果让真实的观点得以呈现，让思考真正发生。"班级活动需要占用较多的个人时间怎么办？""如何看待学校选举中的拉票行为？""只要大考不作弊，小考看两眼也不要紧吗？""学业繁忙的高中生参加家务劳动、志愿者活动有必要吗？"……对这些问题的反思探讨，让同学们在同伴交流中获得启迪，在班主任的小结评价中强化认知。他们扩展了认识，学习了辨析，澄清了价值，收获了更为明晰的价值观。"晓讨论"的"晓"字，被赋予了虽"微小"，但助人"知晓"、追求"明晓"的价值。"晓讨论"也经常从线上延伸到线下。这种利用碎片化时间开展的反思活动，让思考经常发生，让辨析性反思能力渐渐强化，助力了高中生正确价值观的养成。

儿童时期正面接受的传统主流价值观，在高中时期面临着怀疑和批判的挑战。对于传统的价值观，高中生有着对其不够现代的怀疑，甚至认为其陈旧过时；对于主流的价值观，高中生中也有怀疑批判的反调。但是这样的怀疑和批判又与学校、社会正面的倡导相背离，而且批判之后还缺乏建构，于是便引发了价值困惑。

比如，质疑当今学雷锋的必要性，质疑社会中的学雷锋活动是在走形式。在学校组织的三月爱心活动中，我班团支书反馈，参加捐款的只有5人。我发现后进行了紧急动员，但最终张贴在教室后面宣传栏中的捐赠名单显示，有11名同学未参加。除去通知匆忙、宣传不到位、同学们忙于学业未能顾及、截止日期已到等因素，我还隐约察觉到一部分同学对此类活动的不以为然。今天的高中生对于学雷锋活动究竟有些什么样的想法？班主任该做些什么样的引导？为此，我特意组织了一个班会，和同学们一起来谈谈"学雷锋"。班会目标是希望能够暴露出问题，启发再认知，澄清学雷锋在当今社会的价值意义。同时，鼓励知行合一，鼓励创新，启发寻觅学雷锋新的践行方式。

在班会课之前，我首先请每位同学写三条自己接触到的，或是自己想表达的对学雷锋活动的"吐槽"，目的是借此了解同学们心中的真实看法，便于更有针对性地开展工作。为便于暴露真实问题，我特意强调写下的内容可以是听来的议论、看到的观点，来消除同学表达自我意见的顾虑。然后，我将收集到的"吐槽"整理归类。在班会课前，我还把位置调整为便于讨论的小团队聚合式格局。

班会步骤具体如下。

一、激发兴趣，引出话题

问1：同学们何时开始知道雷锋这个人物？何时开始参加学雷锋活动？

问2：从小到大，每年三月都在学雷锋，"今天"与"昨天"有什么不一样？"今天"我们听到了哪些"不一样的声音"？

二、小组交流，整理归纳

三、班级交流，披露问题

四、引发冲突，讨论探究

班主任归纳、引导：沿着"是什么、为什么、怎么办"的思路进行探讨。

1. 关于"是什么"的问题。

班主任提问、追问：

雷锋？（对其人的了解、网上的质疑、过于遥远的人物等）

雷锋精神？（精神内涵、是否局限于做好事等）

学雷锋？（只是三月的活动？）

2. 关于"为什么"的问题。

"晓辩论"活动："今天"我们还需要学雷锋吗？请同学自行挑选，形成"需要"和"不需要"的正、反两方，调整位置，展开辩论。

（鼓励同学打消顾虑，可大胆选择不是自我立场的一方，以换个视角思考问题；要求为澄清认知而辩，真正地思考问题，不使用诡辩术。）

班主任小结：尽管面对更加复杂、多元价值并存的世界，有对自我和他人关系的更多考量，也有自我保护的审慎，但对于雷锋精神中善、爱价值的追求应该坚守。

3. 关于"怎么办"的问题。

收集的"吐槽"多集中于对学雷锋形式的意见，如宣传的方式、学习的方式、"今天"如何学……

班主任引导：作为新时代的年轻人，我们既然对学雷锋的形式有意见，不妨发挥创造力，创新学雷锋的方式。当今活跃在社会中的哪些鲜活的形式其实就是学雷锋，请同学们列举。

同学举例：做慈善、公益，学校即将进行的义卖，支付宝的蚂蚁森林，微公益项目，上海发布的"万家公益基地喊你来做公益"……

五、倡导践行，落实任务

班主任：澄清价值—认同价值—践行价值，期待同学们"知行合一"的表现。

任务：寻觅或开发适合班级践行学雷锋的活动方式，准备参与实践。

这次班会以后，同学们在周记中表达，在辩论中厘清了思路，也清晰了自己情绪产生的缘由。对于学雷锋和雷锋精神的宣传不再抵触，认识到这个象征物的内在价值是值得坚守的。

在网络中"愤青"言论盛行时，愤世嫉俗的言论也在高中校园中出现，还产生了因"三观不和"形成的独立性小团体。

我班的一些同学就曾在网络和班级日志中发表了一些攻击性的言论，发泄他们对学校辩论赛、篮球赛、学代会等活动中出现的矛盾的愤慨。对于社会生活中某些他们认为不合理的现象，他们在随笔、周记中也时时发泄强烈的愤怒情绪。年轻人血气方刚，他们对于现状的指斥，有合理的因素，但也有偏激、过火的成分，还有粗暴的表达。教师需要抓住这个教育契机，进行合理的引导。

对此，我的教学/活动过程具体如下。

一、导入

PPT展示青少年的一些暴力的、愤怒的言论（摘自网络），请学生说说这些言论的共性，发表对这些言论的看法。

二、说"粪青"

由标题导入，让学生填写"粪青"中"粪"的拼音"Fèn"，引导学生认识"粪青"的问题所在，明白其实质是发泄怨气，肆意泄"粪"。

三、说"愤青"

词义界定：愤世嫉俗的青年。

问：大家是否关注过愤青的现象，对愤青现象持何态度？

分组：赞同愤青、不赞同愤青、保持中立。请同学自我选择，调整座位，形成左、中、右三组。

头脑风暴：小组讨论赞同或不赞同的理由，并发表看法。

教师的作用：引导学生多角度分析、理性思考；引导学生辩证地认识问题，既看到愤怒的价值和意义，也看到可能存在的偏激、冲动的非理性成分。

四、说"奋青"

词义界定：奋发有为的青年。

问：从"愤青"到"奋青"，我们可以做什么？

答：学会理性克制，合理表达，奋发有为。

问：面对"粪青""愤青""奋青",我们应该向左走还是向右走?

五、班主任引导

介绍书籍《打捞中国愤青》、毕淑敏相关语录,思考愤青现象的利弊。

问1:有人说鲁迅也是愤青,有道理吗?

问2:有人说:"我以为愤青一旦把自己的命运与民族国家的前途命运结合起来,融入了为国为民的伟大目标中,并身体力行地去实践、去努力、去奋斗,那么愤青就变成了奋青,就是奋斗着的青年。"请大家思考青年人肩上的使命。

六、反思

1. 同学们表现活跃,发言积极。对于赞同愤青的同学,还应该充分肯定他们的责任感。化用艾青的诗就是:"为什么我的胸中常燃着怒火,因为我对这土地爱得深沉。"激发青年人对脚下这片土地的热爱,让他们更明确自我的使命、青年人的担当。

2. 既然大家认识到网络"粪青"的问题,就应反思自我,身体力行地去维护干净的舆论环境。尤其是作为南洋模范中学这样的市级示范性高中的学子,我们更应该有这样的意识和觉悟。不停留于纸上谈兵,做到"知行合一",讨论方有价值。

高中生的价值认识,常常出现很多矛盾。比如,认同集体主义精神的价值,但又追求自由主义、利己主义;认为诚信很重要,但落实到具体问题上又觉得未必要拘泥;认同努力奋斗的价值和意义,但又摇摆于享乐主义的价值观……

儿童时期接触的外部环境比较狭窄,价值观来源比较单一。但随着成长,高中生接触的外部环境更为广阔而复杂,价值观的来源渠道更多。受网络世界、同伴群体、家庭环境等诸多因素影响,高中生的价值观从纯粹走向多元,并且随潮流而发生变化,其中主要包含外来文化所蕴含的价值观影响、市场经济追逐利益的价值观影响、泛娱乐文化带来的享乐价值观影响等。这些价值观必然对他们原来接受的价值观产生影响,使得本来就处于未成熟期的高中生产生价值摇摆。加之高中生缺乏独立的思考能力和价值判断,就会陷入价值模糊的状态。

网络文化的影响也是让高中生产生价值困惑的重要原因。网络中那些充满戾气和负面情感的言论，会对高中生产生不小的影响。他们还不能很好地分辨情绪宣泄和理性批判的区别，容易被情绪带动。从儿童时期过渡到青少年时期，学生往往会随之产生逆反。这是身心发展不平衡带来的冲突，也是个体成长的必然。逆反情绪摒弃了理性的参与，批判过后又没有新的建构，给高中生群体带来了价值困惑。

在班主任引导下的反思活动，力求对问题进行一种反复的、严肃的、持续不断的探索，在其间培养高中生的批判性反思能力。真正的批判性思维，需要学生学习区分理性的断言和情感的断言，区别事实和观点，识别有些观点论据的不足，辨别某些论证的逻辑错误等，还需要对批判本身进行批判。这些都需要在探究中慢慢习得。

比如，设置反思的典型情境，开展以价值认同为旨归的班级会议。不同于主题先行的教育课，这里所指的班级会议是指组织同学进行价值反思的班会活动。基于在学生中发现的问题，班主任可以情境化的呈现来引发思考，用会议讨论的形式来引导反思，以期达成一定的价值共识。可以借鉴杜威的"反思五步法"，即创设情境、明确问题、设想方案、推理演绎、实操验证。首先，基于问题创设一个引发价值冲突的典型情境，然后基于情境设计问题进行引导，围绕问题让不同立场的同学分别发表意见，寻求达成一定的价值共识，求得解决办法，最后通过意见表决或课后反思写作来落实。比如，在"与你同行"的班级会议上，我们反思探讨了"三观不和"的现象，让同学们对"和谐"有了更深的理解，使得"和而不同"的价值理念走入同学心中。这样的批判性反思活动，通过不断追问，加深了思考的深度，让高中生在价值认识上有更大的收获。"舒适圈""佛系青年""极简生活""志愿者"等话题，也都进入了我们的反思范围，让一些先前只会感叹"三观崩溃""节操尽碎"的同学，超越情绪化的表达，逐渐建构起自我更积极的价值观。

另外，班主任还应结合实际情况，对于出现不同价值观问题的高中生，引领其进行差异化的反思活动。比如，对于班干部、学优生群体中出现的价值观问题，班主任要重点关注、注重引领。班干部是班集体建构的骨干力量，学优生是班级的标杆形象，这两类群体的价值观对整个班级的价值取向、文化氛围影响重大。对于那些值得警惕的问题，班主任需要未雨绸缪，做好预案。除了加强教育、监督评价等措施，引导反思也是重要策略。比如"打预防针"，在全班征集班干部工作常见问题的"负面清单"，如"在其位不谋其政"的"懒政者"、唯唯诺诺无原则的"老好人"、严以律人宽以待己的"双标人"、唯我独尊的"自大狂"……班干部上任之前需对照清单进行反思，以起到一定警示的作用。又如，要求班干部自我设定岗位责任书，以强化其作为服务者、志愿者的意识和应尽的岗位责任。因为学生往往有在班干部职位上获得历练、增长经验、培养能力以及争取评优机会等个人目标，所以，服务、奉献的意识更需强化。班干部任期中，还可以常常"敲小木鱼"，通过阶段性述职小报告来引导反思，以师生评价来促进反思，通过反思强化或矫正价值认识。对于学优生，可以积极地为他们创造帮助同学、服务集体的机会，如设立学科小导师，让他们牵头组建一个个学习小组，以小导师的工作反思来关注他们的价值认识，及时加以引导。班干部和学优生可能成为未来的社会精英，能力大就意味着责任大，贡献大也可能危害大。班主任要注重培养他们的反思能力，经常引领他们进行价值观反思，以对未来社会尽一份责任。

班主任还可引入丰富的学习资源，如引入《在怀疑的时代依然需要信仰》等文章、《平凡的世界》等现实主义题材的优秀影视作品、《开讲啦》等节目，还有校史、校友资源等，引导学生在学习之余进行价值反思，以反思能力的培养来促进青少年正确价值观的养成。

在高中生价值观养成的关键时期，班主任的引领有着为其内在精神奠基的重要意义，值得为之而努力。

真实立足生活，让德育"有意思"；真切关注问题，让德育"有意味"；真诚关怀生命，让德育"有意义"。生命是一场价值探索，让孩子们在班主任的陪伴和引领下，上下求索，内外探究，从而健康、全面地发育与成长。

方海东

浙江省中学德育特级教师,正高级教师,现就职于浙江省温州市第二中学。浙江省班主任专业委员会副主任,首届浙沪苏"长三角"教科研标兵、浙江省优秀教师、浙江省优质课一等奖获得者、浙江省班主任基本功大赛一等奖获得者、长三角首届班主任基本功大赛初中组第一名、"温州市名班主任"。《班主任》《班主任之友》《新班主任》《中小学班主任》等刊物的封面人物。出版《细节成就优秀的教师》《守候阳光》等著作。

因材自教：为每一个人的成长寻找不同路径

26 年的教育生涯，26 年的班主任，我心里教育的样子应该是这样的：世事变幻，社会万千，开始时，每个人都会为了自己的目标，确定方向，自主前行；过程中，每个人都有属于自己的挑战目标，选择适合自己的资源，一边实践，一边成长；结果时，每个人都能找到属于自己的位置。

所谓"教育"，教有"径"，育有"型"，各司其职，完善人格，成就人生。每个人的成长都有自己的特点，没有不好的孩子，只有不同的样子。以生活为成长资源库，择取适合的资源，一路行走，一路获取，成就自己。

一

2010 年，在带第七届学生的时候，我提出了"因材自教"的理念，即根据学生自有的"材质"，自主选择生活中的资源，确定目标，唤醒自我，建构成长之路。这个过程中，学生是主体，生活是载体，未来是方向。

它的出现，更多的是因为一个孩子——承予。小学期间，他在学校被称为"魔王"——同学见他退避三舍，老师对他避之不及；在家是典型的"熊孩子"，家长无奈，亲戚摇头。面对这样一个来历练我的孩子，我在未见面的时候就对他发起了"进攻"。

开学前我打了一个电话："承予，听说接下来我们要一起相处三年，要一起面对生活中的各种挑战？"

"嗯，是的。"他有点意外。

"听说来我的班级，是你和家人一起确定的？"我问。

"是呀，老师，爸爸妈妈都说我在初中会遇到一个不一样的班主任呢。"他说。

"那我真的很想知道，你来我们班，到底是来'帮'我的，还是来'害'我的呢？"我提出一个"直击灵魂"的问题。

承予明显在电话那头愣住了，良久后才轻轻地说："我是来'帮'你的！"

于是，第一个月无论他做什么，我都会轻轻地在他身边补上一句："真好，你是来帮我的！"第一个月，他妈妈万分讶异地问了我三次："奇怪，我们家那位怎么还不'出事'呢？"我笑而不语。

借用"帮"和"害"的辩证关系，我不仅仅是让它成为承予行事的规范，更是在他的心中种下一粒成就自己"向善"的种子。这是用来"唤醒"一个人内心能量"向上"的方式，让他知道自己原来有用、优秀，是一个人价值感的体现。

初二的时候，承予被推选为班长。同学们的评价很一致：善良，有爱心，做事认真负责，主动且热情地帮忙，学习努力。这些优秀品质就是初一时种下的那粒种子发芽的体现。逐渐优秀的他，不仅为自己创设了美好的成长环境，还影响了身边的人。教育的美好就是这样，用一个人影响一个或者一群人，成就一个集体。

高一的时候，他回学校看我，说要和我聊聊自己的人生规划。他静静地坐在我的面前，微笑而坚定地对我说："老方，我决定要考师范院校，去当老师。"

我有点惊讶："为什么呀？说说理由。"

"这段时间，我一直在回想我的三年初中生活，我认为最美好的样子就是当一个像您这样的老师。然后，像您帮助我一样，去帮助别人。"他说。

我感动了，用力地拍了拍他的肩膀。

我用了三年的时间，陪着他一路经历成长：用一个个目标唤醒他的价值感，让他懂得自我的价值和意义；放大他的优秀表现，让他去影响身边的同伴，也成就了他自己，建立他的归属感。自我醒悟的他开始懂得自我的重要性，开始规划自己的人生，重构自己的成长目标。

从"唤醒—影响—重构"三个步骤，我们看见了一个孩子的成长过程。这是根据他的自身特点，看见他的优秀，定义他的成长目标，引导他成为更好的自我的过程，也是"因材自教"的过程。

因材自教，在班主任的工作中，"于个人"，是唤醒自我，驱动内心，成就一个人；"于班级"，是看见集体，感染彼此，成就一个班。

二

对于一个人的成长，苏霍姆林斯基说："真正的教育是自我教育。"在此，自我唤醒，激发内心的驱动力，追求自己的目标，就是成长最好的样子。所以，因材自教对于个人来说，关键在于唤醒自己，激发内在的驱动力。

（一）因：唤醒与变化

小梁可能从来都想不到有一天会有一节班会课是属于他一个人的。他在反思的时候说："想过某一个人成为班会课的主角，想过他的光芒四射，想过他成为目光聚集点，但是那个人应该不会是我。"

"应该"二字，其实表示了他内心的想法，也许他在等待奇迹。在旁人眼里，这样的事情确实轮不到他：表现普通，属于班中容易被忽视的那个；缺乏关注，家长只在乎他的成绩变化；贪玩心散，对于找不到成就感的事情极容易放弃，如学习等。这样的他，着实很难集中注意力、静心面对学习。

我对他的家长说："不要总是埋怨和催促他，一个看不见自己有多好的人，怎么会对自己要求高？怎么会追求更好？哪有一个人天生就是全力以赴地走向优秀的？每个人都是因为看见了自己的价值，然后才努力增进自己的价值的。"

唤醒小梁，就是要唤醒他的价值感。就像第斯多惠说的那样："教育的艺术不在于传授知识和本领，而在于激励、唤醒和鼓舞。"通过激励，教师可唤醒一个人，鼓励他努力成就自我。于是，我花了一个月的时间来准备"唤醒"小梁。每天，我都用一段专门的时间来观察他，并在便签上写下一个关于他的优点，将其放进一个专属于他的"优点瓶"里。一个月后，我抱着装着他20多个优点的"优点瓶"，为他上了一节班会课。

"小梁，帮我个忙，把这些便签按照日期顺序贴在黑板上。"

"小梁，告诉我，你贴完之后，发现便签上有哪些内容呢？"

"好像有些和我有关？！"

"有些？你可以从头再看看。"

于是，我看见一个男生目不转睛地盯着那些便签看。看着看着，他就笑了，笑着笑着又哭了，哭完了，还在笑。最后，他站在面前看着我傻笑。

我摸摸他的头，说："其实，你的优秀我们一直都看得见。"

后来，他让我看到了一个完全不同的他。

因材自教的"因"是唤醒一个孩子，并看见他的变化。在这个过程中，激励一个人是一个过程；唤醒一个人是组合他的"优点"，等到"优点"成为"优势"的时候，才能使人醒悟；鼓励一个人是让他看见自己的价值。因此，教师要学会期待，善于等待。

（二）材：顺势而为地教人

小金有天和我闲聊时，忽然问了一句："老师，您说如果喜欢一个人，却遭到周围所有人的反对，是这个人的眼光有问题，还是别人的标准不对？"

我笑着看她，不说话，连眼里都带着笑意。当孩子遇到问题时，作为老师，我们应该和孩子站在一起面对问题，而非和问题站在一起指责孩子。

她也看着我。一分钟后，她长长地叹了口气，说："好吧，您赢了，这个人是我。我在小学五年级的时候喜欢一个男生，可是身边的很多人说我眼光有问题。"

我笑着说:"是不是这个男生体育不错、阳光开朗、说话干脆、动作敏捷?"话音未落,小金已跳开离我三米了,惊呼道:"您怎么知道的?您认识他?"

我微笑着说:"别紧张,我不认识他,我只是推理的!说真的,这不是什么大事,只是成长中的一段经历而已。喜欢一个人证明你长大了,有自己的想法了。喜欢什么样的人,是证明你的喜欢是有标准的。但是你的标准是从哪里来的呢?因为你体育一般,说话慢悠悠,做事也不快呀。现在,你发现了什么?"

她想了想说:"原来,我们都在互补,我喜欢的其实是我没有的!"

"所以,喜欢一个人,很多时候是因为自己身上缺少的那部分;喜欢一个人就是因为对方身上有自己没有的品质。这就告诉我们,如果要遇见更好的人,自己也应该成为更好的样子。"我说。

小金听了后长出了一口气,我明显看出她心里的那块石头落地了。

成长中出现青春期的爱情,是一个人成长的阶段标识。它不是问题,也不应该作为问题;它是成长的痕迹,也是未来爱情观的基础。老师的处理方式和引导方向,将影响学生认识问题的思维方式和行动方向。

因材自教,就是教师要顺势而为,引导学生在成长中寻找适合自己的方式。成长就是在自己原有"材质"基础上的顺势发展,是变成比过往的自己更好的过程。

(三)教:专业理性地育人

小王又不来上学了。这是自初三开始,每次模拟考试之后都要演一回的"戏"。

她妈妈说:"整天在家里和自己'卷',每天都在说,'考砸了怎么办''不想去学校了''自己再也学不起来了'。"于是,每次一考完,小王就不出现了,躲在家里,甚至离家出走。

"作"上一个多月,在最近的一次模拟考试中,她的成绩自然会大幅下降,跟上一次比,退了100多名。这下更有了借口:"你看,我就是学不起来了,那我干脆放弃好了。"她对谁的劝说都听不进,家长、亲戚、同学都跟她说不上话。面对所有的人,她都固执地持有一个观点:"如果没有用,我花时间干什么。我已经证明自己越来越不行了，何必继续做错误的事情呢。我要止损！"

她妈妈愁哭了，一直埋怨她不听话、不懂事，不理解大人的辛苦，不懂得未来的人生要求，不理解她为什么会这样。

我对她妈妈说："看起来她在抗拒、焦虑、自我否定，但这只是我们看见的而已，真相是什么？是我们看到的这些吗？"

世界上没有不好的孩子，只有不同的孩子。孩子出现问题是成长中正常的状态，解决问题不仅要看见问题的表象，更要洞见问题背后推动它发展的因素。分析问题的立足点是学生、家庭和学校。"学生"涉及内心期待和面对现状，"家庭"涉及教育方式和家庭环境，"学校"涉及同伴影响和集体氛围。分析学生成长问题应该建立在这些因素的基础上，看见学生到底缺失什么、需要什么，再选择合适的教育方式。

深究小王出现问题的原因，发现她没有厘清三个问题：一是当下努力和未来效果之间的关系，二是曾经的成功在挫折中的作用，三是遇见问题主动解决和被动接受的关系。其中，第一个问题是关键。

千方百计地把她约到学校后，我想陪她经历一个努力的过程。也许体验过后，她可以悟到一些新的认识。于是，通过一段时间的"艰难"沟通，我说服她一起去江边的绿道跑十公里。

前三公里，她轻松地跟在我身边，和我聊着自己的认识；第五公里的时候，她跪在地上，对着我喊"真的跑不动了"；我扯着她，跑到第八公里的时候，她对我说"我不行了，我扛不住了，我能力真的有限"；跌跌撞撞地倒在十公里终点的时候，她泪流满面，却龇着牙在傻笑。

我问了她三个问题："是什么让你坚持下来的？""'想放弃'的念头是不是一直存在于整个过程中？""只要你不停止前行的脚步，你和终点的距离是不是一直在变化？"她听后陷入了沉思。

第二天开始，她进入了全力以赴的状态。

学生出现成长问题的原因有很多，解决问题需要寻找本质的原因，在此基础上探寻影响问题的关键原因，寻找解决问题的方法，形成学生成长的路径。

专业而理性地育人，是教育的高级形式，只有这样，才能在爱的基础上看见学生可持续成长的可能。

因材自教，对孩子来说，是唤醒一个人，是看见孩子内心的需要，激发孩子自身的能量，驱动孩子主动追求成长的过程。无论是"因""材"，还是"教"，都是为了激发"自"的作用。所以，"因材自教"就是帮助孩子认清自我，做到"自立"，形成清晰的自我认识；激励孩子追求目标，"自觉"唤醒成长之心；成就孩子可持续成长，"自主"规划人生。

三

马卡连柯说："如果集体的成员把集体的愿景看作个人的愿景，集体愈大，个人也就愈美，愈高尚。"把集体当作影响一个人成长的环境，这就是班级的作用。在此，因材自教在宏观上以环境促进班级对人的影响，中观上以活动引导人体验成长，微观上以人感染人。所以，因材自教在班级的实践上，主要是集体的影响、人与人的感染。

（一）因：以"问题系统"看成长真相

小陈做事、学习只有三分钟的热度。家长和她沟通，她还振振有词："我不是做了吗？""我做不起来有什么办法？""我又不是万能的，每次这样就注定了我不行。""行吧，就按你说的，我就是个废物！"

小陈家长轻则数落，重则责备，但是小陈的问题从来没有少过，也没有减轻过，反而是在这样的过程中重复出现、恶性循环。

小陈的"三分钟热度"可能是因为她总是不成功，从而丧失了动力，连续失败生成了习得性无助的状态；可能是对任务不感兴趣，主动放弃需要坚持的任务；也可能是始终不能理解自己的任务，无法深入，也不想去做。

为此，我想了两种改变她的方法。

方法一：发现小陈的优点，让"优点"成为"优势"，引导小陈找到成长的价值感。

方法二：培养"坚持"的品质，通过"示范—训练—拓展"三个步骤，引导小陈懂得坚持、学会坚持。

下面以方法二为例进行说明。

首先是示范。我找出自己珍藏的笔记本，里面是我近20年来一直在坚持做的事——每天写一篇1000字以上的教育随笔。翻阅了10分钟后，我拿出两本自己的专著，放在笔记本上面，问："如果要为这些物品的组合选定一个主题，你的建议是什么？"她想了想，认真地说："成就！是您的成就！"我微笑道："如果是我，我会说——坚持，这是我近20年的坚持。所谓成就，不过是坚持带来的副产品而已。"她听后若有所思。

其次是训练。我做了只属于她的"小陈坚持品质培养表"，按照"分阶段、小目标、做练习"的策略，将一个月分成五个阶段，即3、4、5、6、7天各为一个阶段，每个阶段之间有一天的反思时间，主要是对前一阶段进行总结，记录自己的感受。不过，她给自己每个阶段安排的任务明显有点多。

第一个阶段之后，她很兴奋："老师，我可以的，我感觉挺好的！""恭喜你！"只有三天，我不敢说太多，还有点担心。第二阶段、第三阶段完成之后，她来找我，明显感觉有点疲惫。我拍拍她的肩膀，说："如果真的坚持不了，要不就放弃吧！"她盯着我，眼睛里满是不服："等着瞧！"一个月后，她抱着一大堆做完的练习和一张每天打卡的"小陈坚持品质培养表"，骄傲地对我说："原来，我也可以做到，也可以像其他人一样做到的呀，我真的可以的！"成功带来的自信、坚持获取的价值感溢于言表。

最后是拓展。第二个月，她就自己制订了一个学习计划表。我发现她的课堂状态不一样了，科学老师也说："呀，小陈整个人都'颠覆'了！现在不仅常来问问题，而且还给自己的'科学'期末复习做了一个计划。这几次考试，她是班级里进步最大的孩子。"

班级里不会只有一个小陈，也不会只有一种问题。认识和解决班级的一个问题，是为班级的更多问题建立"解决模型"。经过一个多月的探索，我总结出学生存在的 37 项问题,它们主要是因为各类"交往"而产生的。

我主要从五个角度来挖掘学生成长问题的"真相",分别是类别、问题现象、成长品质、现象背后的根源和痛点(见表 1)。

表1　学生交往行为分析

类别	问题现象	成长品质	现象背后的根源	痛点
与人交往	懦弱	勇敢	(1)家长强势且苛求;(2)自我封闭;(3)在乎特定的人或事;(4)失败经历多。	家庭环境 教育方式
	撒谎	诚信	(1)混淆想象和现实;(2)想引起注意;(3)逃避压力达成目的;(4)遇到同类群体。	
	暴躁	温和	(1)需要未能满足;(2)家长暴躁;(3)教育方式不合理;(4)防备心理强;(5)自我保护。	
	埋怨	责任	(1)家长思维负面;(2)暴力型家庭;(3)干涉型家庭;(4)习惯推卸责任;(5)遇见同类群体。	
	敏感	温和	(1)缺乏温暖;(2)家庭不包容;(3)暴力型家庭;(4)自卑;(5)遇见相同情境。	
	暴力	温和	(1)生活环境暴力;(2)过于重视学习成绩;(3)面对挫折剧烈释放;(4)被暴力。	
	盲目	整理	(1)思考不足,原理不清;(2)目标缺乏;(3)自我认识不明;(4)从众。	
	自我	合作	(1)自私、自负、自恋;(2)客观分析能力不足;(3)家长自私心理;(4)家教方式。	
与己交往	意志力差	坚持	(1)自我认识不足;(2)计划不明;(3)消极被动,目标缺乏;(4)身体疲惫。	自我认识 成长过程 家庭教育
	低效	超越	(1)实施内容超过能力;(2)不想承担责任;(3)计划目标不清;(4)家长打扰多。	
	粗心	整理	(1)轻视错误;(2)家长随意;(3)缺乏全面思考的能力;(4)知识不明。	
	注意分散	专注	(1)长期使用电子产品;(2)父母宠溺;(3)师生关系的变化;(4)身体运动不够。	

续表

类别	问题现象	成长品质	现象背后的根源	痛点
与己交往	放弃	主动	（1）过高的要求；（2）教育方式以负面为主；（3）无法识别知识；（4）成长压力大。	自我认识 成长过程 家庭教育
	焦虑	温和	（1）成就感低；（2）自控力低；（3）成功率低；（4）要求不合实际；（5）家长着急。	
	懒惰	主动	（1）过程无助；（2）生活没有价值感；（3）遇挫折变无奈；（4）体质不好；（5）失败多。	
	迷茫	超越	（1）当下成功率低；（2）当下重点不清晰；（3）认识比较浅层；（4）自我认识不清晰。	
	自控力差	坚定	（1）未建立底线；（2）注意力分散；（3）有人影响；（4）规则不清；（5）家长埋怨多。	
	幼稚	修养	（1）缺少阶段分隔线；（2）家庭宠爱；（3）抗拒成长；（4）经历太少；（5）忽视挫折。	
	悲观	参与	（1）长时间受到打击（习得性无助）；（2）大环境的影响；（3）目标过高、过新；（4）认同感低。	
	骄傲	温和	（1）自卑；（2）浮躁；（3）缺乏关注；（4）自私；（5）无知；（6）宏观能力不足。	
	浪费时间	管理	（1）无法制定任务时间；（2）找不到任务做；（3）时间管理不佳；（4）把握不住重点。	
	不爱学习	责任	（1）家长不爱学习；（2）干涉型家庭；（3）暴力型家庭；（4）过于重视分数；（5）目标过高。	
	不上进	主动	（1）家庭随意放任；（2）对孩子要求高，对自己要求低；（3）家庭干涉多；（4）挫折经历多。	
与团队交往	依赖	参与	（1）求关注；（2）成就感低；（3）内心表现欲望强；（4）家长宠溺或专制。	价值认识 家庭教育 自我目标
	被动	主动	（1）挫败；（2）失望；（3）失助；（4）生活在负面氛围中；（5）家长代管多。	
	抗拒	主动	（1）不够了解；（2）不认同；（3）恐惧；（4）自我保护；（5）脱离实际。	
	自以为是	欣赏	（1）深刻自卑，自欺欺人；（2）溺爱型家庭；（3）专制型家庭；（4）无知；（5）过度自我保护。	

续表

类别	问题现象	成长品质	现象背后的根源	痛点
与团队交往	固执	合作	（1）自负、自我估计过高；（2）无法接受否定；（3）被动攻击的表现；（4）狭隘。	价值认识 家庭教育 自我目标
	无责任感	责任	（1）过于宠溺；（2）多元化家庭的出现；（3）理想缺失；（4）责任不清；（5）目标乱。	
	逃避	主动	（1）心理压力过大；（2）理想和现实的压力；（3）责任缺失；（4）要求高；（5）恐惧。	
	自卑	超越	（1）生理、心理自卑；（2）要求过高；（3）失败、挫折太大；（4）交往障碍；（5）恐惧。	
	自私	合作	（1）溺爱型家庭；（2）生活环境封闭；（3）学校过于重视成绩；（4）认知能力低下。	
	恐惧	勇敢	（1）心理期望和现实的落差大；（2）曾经遇见恐惧；（3）无知；（4）过于夸张。	
	口拙	超越	（1）缺乏安全感；（2）戒备心理重；（3）过度追求完美；（4）自卑；（5）环境伤害。	
	小团体	责任	（1）缺失温暖；（2）缺乏安全感；（3）缺乏关注；（4）冲动任性，规范意识不强。	
	孤僻	参与	（1）暴力型家庭；（2）家长放任；（3）家长性格；（4）缺乏关注；（5）自卑。	
	小心眼	修养	（1）家庭干涉多；（2）指责多；（3）缺乏宽容；（4）自负；（5）生活环境封闭。	

角度一是类别，我将其分为"与人交往"（8项）、"与己交往"（15项）、"与团队交往"（14项）。将所有的问题行为根据产生原因进行分类，就能更清楚地认识问题、解决问题。

角度二是问题现象，具体表现为37项问题，涵盖了学生日常生活的各个方面。

角度三是成长品质，就是学生问题表现出来的缺失品质，也就是学生的成长需要，是推动问题发展的正向动机。

角度四是现象背后的根源,就是从不同角度分析问题现象的成因。

角度五是痛点,就是针对问题现象提出解决的方向和途径。

因材自教对于学生成长问题来说,是从集体的层面构建问题系统,从抽象到具体构建系统,逐层深入帮助学生认识问题的真相,建立解决问题的思维。

(二)材:以"品质培养"看班级成为班集体

什么样的班级只是班级,什么样的班级可以称为班集体?

当一个班级有明确的目标、有趣的活动、合理的制度、得力的干部和良好的班风时,它将拥有独立的班级精神,这样的班级就有了集体荣誉感,这时我们称其为班集体。班集体建设,实际上就是集体荣誉感的建设。

集体荣誉感的建设通常有三种范式:一是说教式,和学生说集体的重要性,但强加说教会显得有理无据;二是故事式,以个人和集体的关系为例,换种方式说教学生,但难以入人心灵;三是活动式,用各种班级活动来影响学生,但活动中和活动后学生的表现证明这样的方式依旧无效。

集体荣誉感是一种班级品质。品质培养有三个关键点:理解品质、分解品质、定位核心。在班级建设中,教师可通过这三方面使学生逐渐形成集体荣誉感,成就一个班集体。

理解品质,就是懂得品质的概念、培养的过程、培养中可能出现的问题并及时调整等。在集体荣誉感培养中,就是要知道"什么是集体荣誉感""班级日常生活中怎样生成集体荣誉感""为什么集体荣誉感是这样生成的""培养过程出现问题怎么调整""班级生活中如何发挥集体荣誉感的作用"。基于这五个问题,从宏观上培养品质,其核心是"班级日常生活中怎样生成集体荣誉感"。这个问题是影响集体荣誉感培养的关键因素。

分解品质,就是对品质培养的过程从抽象到具体的分解,寻找落地的方式。集体荣誉感的形成分六步:一是了解我是什么样子,做好自我认识。比如,我们用"班级身份证"的形式,引导学生在活动体验中深层次认识自我。二是认识集体是什么样子,以具体的形式"定义"集体,通过民主的形式达成共识。

比如，我们认为最能代表集体的是一个"圆"。三是引导学生认识个人和集体的关系。比如，我们以一节班会课辨析"个人组合在一起是否就是一个集体"，以此引导学生对集体的认识。四是发现班级建设中的"帮助点"，从不同角度、不同层面给不同学生以帮助，让每一个孩子都感受到集体的作用是"帮助"。这是引导班级"走向"集体的关键点，也是集体荣誉感建设的核心。五是反思总结班级日常生活中的班"好"、人"好"、环境"好"，形成"好"的共识。六是引导学生总结集体荣誉感的班级特色，以班训、语录等形式体现班级的与众不同。比如，我们总结的集体荣誉感是"因帮助而与众不同"。

定位核心，就是找到集体荣誉感建设的核心点——帮助。在班级活动中，设计多种关于"帮助"的活动，从"行为助人—陪伴倾诉—精神信念"三个层次，具体化集体荣誉感的培养过程，找到合适的落脚点。

集体荣誉感的培养有三个特点：一是建立在班级原有的基础上；二是激发学生的主动性，并以此养成良好的班风；三是找到品质核心并设计活动。这三个方面就是"因材自教"在班级建设中发挥的作用。

品质培养是班级建设的首要任务，一个优秀的班集体应具备各种卓越的品质。在班级日常生活中，我们界定了班级品质成长系统（如图1）。

该系统体现了五育并举，从德智体美劳入手，以"成为一个真实的自我"为目的，界定了"坚定、坚韧、坚持、坚毅、坚强"五大领域的20个品质。这是班级的发展方向，也是生活的目标。

为了合理地进行品质培养，我将每一个品质按照学生成长需求分解，并定位核心。比如，"感恩：道德实践—价值肯定—正面赞美"，核心是"价值肯定"；"责任：必做之事—应做之事—愿做之事"，核心是"应做之事"。这些易于操作，更提高了效率。

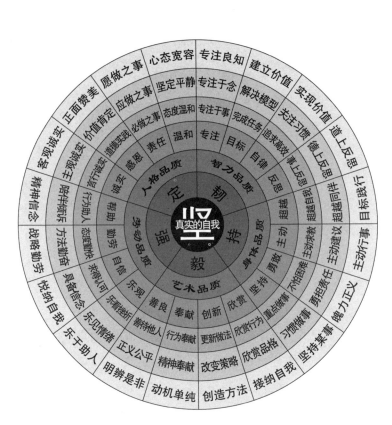

图1 班级品质成长系统

(三)自:以"目标驱动"挖掘班级发展可能性

班级往哪里走?班级愿景就是班集体建设的目的,是因材自教在班级实施的方向。"自",是班级在发展中的主动性,它依靠学生的能力,更需要明确的班级目标指引。

有学生问:"在班级管理中,重要的是管理好自己,还是管理好他人?"这是思想上的杂乱,而一个班级的"乱",很大程度上是班级思想的不统一。

"管理自己,是自律;管理他人,是律他。"从逻辑上说,青春期的学生更会认为是"他人"的问题才影响了集体;从主动性上说,"律他"的趋向性更胜于"自律"。所以,每个人都想"律他"。但是,教师和班干部们更期待的是"自律"。由此可见,管理思想和现实的差异,很容易造成班级生活秩序的混乱。

所以，确立目标引导学生进行班级建设，让班级管理成为一个"建设"的过程，而不仅仅是某一种观点的说教。

对此，我的做法是：带着学生到操场，让他们每个人带三张大报纸。首先让学生将报纸撕出一个能套进自己头的洞，然后要求学生把头套入报纸中，依次站好，每个人拉着前面人的报纸的两个角，之后开始小跑。

第一阶段，活动体验，分三个环节进行。

环节一：学生的报纸被撕破后。提问：为什么会撕破，有几种原因？众人表示想法不一才导致报纸被撕破：一是怕把自己的撕破，二是怕把别人的撕破。讨论后，大家都认为"保护好别人"是关键，这就是班级建设中的"律他"。

环节二：以"保护好别人"为目的，再次进行活动，结果在短时间内报纸又被撕破了。这证明了"律他"在班级建设中的效果并不好。

环节三：以"保护好自己"为目的，再次进行活动，结果报纸保留的时间最长。这证明了"自律"才是班级建设中的有效抓手。

第二阶段，思维验证，提出两个问题。

问题一：从以上的活动过程中，我们可以得到什么结论？

学生基本上能认识到：管理好自己，做到"自律"，班级建设才会好。

问题二：根据活动，设计一句独属于班级的"自律语录"，小组讨论并最后投票决定。

投票结果是"我好，我们才好！"，并以此作为目标达成的结论。

整个班级建设过程以活动为载体，以班级目标为驱动，分解目标并转为具体活动，于是大家看到了班级发展的可能性。因材自教中的"自"就是班级建设的主动性、自主性，其中目标是驱动力。

我们谈一个班级的目标，需要看到这个班级的日常生活状态，以及想要发展的方向。班级目标不是简单地想要成为什么样的班级，而是要解决三个问题：一是什么时候成为什么样的班级，二是怎么样成为那样的班级，三是每个阶段的特点和主题是什么。

下面以石心班的目标为例进行说明。

石心班的生活有三个特点：过程性、发展性和具体化。其中，过程性，即班级成长是一个过程，是从七年级到九年级的过程，它预示着班级发展目标应该注重人的成长过程；发展性，即班级在不同阶段有不同的目标，它预示着人在成长中，目标需要更新和提升；具体化，即班级发展目标要有具体的落脚点，它预示着目标是在班级日常生活中达成的。

石心班的发展目标是培养人的品质，立足于德智体美劳，从"坚定、坚韧、坚持、坚毅、坚强"五个角度，分解成20个品质，分别是："坚定：诚实—感恩—责任—温和""坚韧：专注—目标—自律—反思""坚持：坚持—勇敢—主动—超越""坚毅：善良—奉献—创新—欣赏""坚强：帮助—勤劳—自信—乐观"。每个月以一个品质为主题，以活动为载体，学生自主选择成长的方式。为此，我们构建了石心班班级发展目标体系（如表2）。

表2　石心班班级发展目标体系

年级	主题	主题方向	重点	核心目标	阶段目标分层	品质目标	班级目标的文化载体	说明
七年级	一路行走寻找自我	石心为玉	习惯	制度规范	1. 养成良好的学习、行为规范； 2. 遵守规章制度，做一个自律的人； 3. 在学习、行为上养成良好的习惯。	品质在个人层面的要求	1. 因材自教运行系统； 2. 教育目的； 3. 五层错误表； 4. 每周工作计划； 5. 出彩整理人； 6. 点赞追光。	做一个怎样的学生
八年级	一路行走飞扬自我	养石成玉	个性	特色自我	1. 根据特点，树立个人发展目标； 2. 定义自己的发展方向，寻求自己最好的样子； 3. 每月看见一个成长点（问题），制订解决方案。	品质在集体层面的要求	1. 因材自教运行系统； 2. 教育目的； 3. 学生格言； 4. 优秀学生展； 5. 我的优点墙； 6. 计划墙。	做一个怎样的自己

续表

年级	主题	主题方向	重点	核心目标	阶段目标分层	品质目标	班级目标的文化载体	说明
九年级	一路行走 春华秋实	破石为玉	学业	品质环境	1. 基于品质评价，判定成长方向； 2. 制定学业规划与具体实施方案； 3. 以专注、速度为主要努力方向，以品质形成为主要目的。	品质在社会层面的要求	1. 因材自教运行系统； 2. 教育目的； 3. 经验介绍； 4. 中考目标墙； 5. 中考路线图； 6. 有求必应。	做一个怎样的考生

（四）教：以"逻辑推理"呈现专业的教育过程

因材自教在班级中的"教"，从当前要求看，就是以更专业、更理性的方式引导学生。教育过程中，爱是基础和底线，它的高级形式表现为理性的分析、专业的操作。这不仅关注了教育的表面现象，更看到了影响人成长的品质，这样的教育是一个可持续成长的过程。

班级建设的"专业操作"分三个部分：一是知道培养哪个方面，二是知道培养的立足点是学生的哪些成长品质，三是用合理的方式引导学生体验和感悟。

下面以制定"活动预案"体现专业和理性为例进行说明。

学校要举行全校队列和广播操比赛。班长根据五个问题制定了活动预案：（1）比赛活动要求做哪几件事；（2）做这些事情需要满足哪些要求；（3）准备分成几步达成；（4）预测可能出现的问题；（5）提供针对问题的解决措施。

经过反复研究讨论，确定工作程序如下。

（1）"队列比赛和广播操比赛"要求做好以下事情：

①各班挑选一名身高1.6米左右的女生举班牌。

②入场式队列比赛对象是全体学生。

③每班队列要有主题，队形自定。其中，入场式服装统一、队伍整齐占10%，表现形式占50%，精神面貌（包括举班牌的学生）占30%，口号响

亮占 10%。

④广播操比赛要求：各班成一列纵队，按身高从低到高排列。广播操队列评分：精神面貌占 20%，动作到位占 80%。

⑤入场式队列比赛和广播操比赛两项均取前四名。

（2）做这些事情需要满足以下要求：

①全班同学参加，确定每个人的位置，设计符合主题的班服；

②形式与内容有创新，不与其他班雷同；

③审核细节，符合学校比赛的规则要求；

④预测实际效果和观众感受；

⑤预估过程时间，顾及同学能力；

⑥确定练习时间、要求。

（3）准备工作分以下几步：

①在网络上搜索有趣的创意；

②在同学中有奖征求新创意，设一、二、三等奖各一名，各奖 1500、1000、500 飞扬币；

③程序：班干部讨论、民主投票，并确定最终方案；

④班级有良好的精神面貌，口号铿锵有力。

（4）预测可能出现的问题：

①有的同学会因为难度较高，产生畏难情绪；

②有的同学训练主动性不够；

③有的同学可能会在比赛集中时间（7点）迟到；

④有的同学可能会忘记带表演道具；

⑤班级第二个入场，站在场上的时间近两个小时，可能会出现体力不支的情况；

⑥天气寒冷，进场后等待时间太长。

（5）解决问题的方法与措施：

①在允许的情况下，适当降低活动难度；

②加强沟通，相互理解，激发集体荣誉感；

③对于可能迟到的同学,早上提前打电话通知;

④集合之前,检查有没有带表演道具;

⑤提醒同学注意保暖,每人带一件厚外套。

学校的集体比赛是锻炼班干部的好机会。综观整个过程,它其实就是因材自教的具体实践。预案中的五个步骤主要是帮助同学厘清工作程序:(1)厘清要求;(2)将要求具体化;(3)建立目标步骤;(4)危机预设;(5)解决危机。这是培养班干部领导力的过程。

前三个问题"比赛活动要求做哪几件事""做这些事情需要满足哪些要求""准备分成几步达成"是"因材";后两个问题"预测可能出现的问题""提供针对问题的解决措施"便是"自教"。

四

班级成长和人的成长一样,是一个以学生为主体,包含社会环境、班级环境、班级精神、教师教育、自主动力、家庭环境等方面的综合系统。在成长中,这些因素相互影响、相互作用,构成了班级发展系统,激发因材自教的作用。

因材自教,其实就是看见每一个孩子的不同点,寻找最合适的教育方式,引导学生成为更好的自己,为每一个人的成长寻找不同路径。

因材自教,是一个以人为核心的成长系统。它以人的成长为目的,制定目标、确定任务、规定要求、合理安排。它的系统运行分成三个层次:人的基本特点、任务的合理性、教育价值的追寻。

因材自教,是一个看见人成长关键点的分析系统。它基于逻辑推理,以看见班级发展的品质核心和人成长的内心需要为目标。它专业而理性,分析影响人成长的因素,寻求关键点,并以此为基础设计活动,提高有效性。

因材自教,是一个综合人的日常生活因素的发展系统。它把人的成长放在生活中,脱离了教育的学校单一化,真正地融入家庭、学校和社会,让人的成长变成综合的体系。

黄百央

浙江省慈溪市教育局职成教教研室副主任,长期研究德育与班主任工作。曾获全国中职德育先进个人、浙江省法治宣传教育先进个人、浙江省"巾帼建功标兵"、宁波市"六争攻坚好干部"、宁波名教师等称号。2018—2019年参加贵州省黔西南州扶贫支教,2021年被中共中央、国务院授予"全国脱贫攻坚先进个人",2022年6月当选中国共产党浙江省第十五次代表大会代表。出版专著《第一高度:班主任打造优秀班集体的7项修炼》《爱在黔西南:我的情感德育实践》。

爱的盟友是春天

职业学校班主任的曲折之美，或许不是每个人都能体会到的。

我常常自我告诫的教育信念是"总有一条路可以抵达心灵"。爱的盟友是春天，对于学生，我从没有失望，总有希望，并怀揣着希望上路。把班级建设成为优秀班集体，精神上、生活上、专业上，爱心渗透一样都不能少。

因为在乎学生，与学生一起的日子里，即使是粗糙的材料，在我看来，也颇具收藏价值。我与学生一起创造了简单的生活元素，铭记了许多德育情景故事，心中绵绵流淌起的感情竟然是一份班主任工作特有的浪漫产品：我和我的班集体，夹带着缕缕成长的烦恼，感悟着次次超越的体验，伴随而来的是喜悦的教育发现——

爱是一道光，一定要尽力去呵护职高生心里的那一点点光！

爱是一个好习惯，一定要让职高生愉快地接受良好行为习惯的养成！

爱是一个好集体，一定要尽力去建设一个优秀的班集体，至少快乐，充满欢笑！

这就是我做中职班主任、做中职德育工作的铮铮誓言！

一、"六个起来",让学生当好班级建设的主人

当领导给一个班级,当家长给一个孩子,我在做班主任的时候,想得最多的是:我要用什么去吸引我的学生?

我的回答是:心在这里暖起来,手在这里巧起来,脑在这里灵起来,体在这里强起来,人在这里站起来,素质教育的旗帜在这里飘起来!

很多职高生是生活在自尊和自卑两条线上的可爱的人。他们往往渴望关爱,却怀疑真爱;渴望成功,却难忘失败;渴望呵护,却心门紧锁。因此,我认为班主任在建设班集体的时候,要重视开学时的"爱的宣言"和班级文化的营造。

班主任"爱的宣言"的原则是"暖心、激动人心",给学生描绘出选择就读新学校的愿景。

我做班主任"爱的宣言"时是这样说的:

"同学们,欢迎你们来到新学校!我可以大胆地告诉你,三年职校读书,接下来就是见证奇迹的时刻了!接下来就是不可思议的时刻了!"

"你当过班干部吗?没有吧!没关系,这里有机会,组长、班长、团支部书记、劳动委员,一个一个'为人民服务'的岗位,正等着你去上岗!你拿过1000元、500元、200元之类的奖学金吗?没有吧!没关系,这里有国家奖学金、省助学金、学校奖学金,让你享受进步后的财富津贴!"

"你喜欢唱歌吗?初中的时候,是不是只能小声哼哼,不敢放声歌唱?没关系,这里有丰富的才艺活动大舞台,要秀就秀,秀出自己的风采!你爱你的家人吗?你想将来挣钱,为自己的家庭承担责任吗?好,我们要记住:职业教育是就业教育,就像'职业'的'职'字,一只耳朵,要听一句话:'学做人、学知识、学技能。'毕业后,立德树人,德技并修,就去就业、创业、成家立业。同学们,让我们一起热情地为自己而鼓掌!"

我这样一说,学生士气高涨,热血沸腾,感觉原来职高老师这么富有温情、这么亲近啊!从家长反馈的信息看,学生回到家后还会传话给家长:自己读了职高,立下志向,技能成才,创业有路,脱贫致富。在希望的田野上,家长和

孩子互相鼓励，梦想起飞！

我接着说："现在党和国家越来越重视职业教育了。2021年4月，习近平总书记对职业教育工作做出重要指示强调，在全面建设社会主义现代化国家新征程中，职业教育前途广阔、大有可为。职高生更多的是选择参加'职教高考'，毕业后也可以去读大专、本科，甚至研究生等，成才通道越来越广了！"

学生听了我的"暖心"话语后，纷纷在周记里发表感言："我要把初中所有的坏习惯给改了，重新回到起跑线上出发，笑到最后的才是赢家。""再苦，我还是要坚持下去，不能在职高里也一样没有收获。只要我们肯学习，一定能把我们'重造一遍'。在职高老师的眼里，我们跟好学生是平等的。凭我自己的努力，我一定能把犯错误的机会降到最低。"

在班主任"爱的宣言"之后，我会向学生真诚地表白我当班主任的"三一"理念，即一个都不能少、快乐每一天、一生有尊严。我还与学生一起确定班集体建设的共同目标：凝聚集体的力量和智慧，打造正气、团结、活泼、和谐的班集体。然后，我们一起策划召开"我信，我能行"主题班会，商量制定"班级公约"。

"我信，我能行"主题班会分五大板块：大胆亮出你的心声、大胆展现你的生活、大胆诉说你的进步、大胆表达你的心愿、大胆展望你的未来。

大家商量制定出的"班级公约"是：

"我们承诺：纪律是行动的起步，这里提倡'没有任何借口'；说谎是最大的罪恶，这里提倡'实话实说'；责任是就业的基础，这里提倡'学做人、学知识、学技能'；荣誉是团队的核心，这里提倡'创造荣誉、保持荣誉、懂得感恩、回报社会'。"

班主任工作是一门管理学，它追求的不是最优，而是最合适。无论是班主任"爱的宣言"还是开学制定"班级公约"，都是为了打开学生的心门，给予学生充分的话语权，鼓励学生当好班级建设的主人。

二、这里提倡实话实说，有话好好说

"班级公约"制定后，并非每个学生都能顺利践诺。学生违纪越多，越考验班主任的管理能力。为此，我总是把学生的违纪当作解方程，或者做数学中的函数题目、解析几何中的证明题。如果能用添加辅助线的方法或者巧妙变数的方法解出难题，将是多么快乐的思维运动啊！比如，在班级管理中，班主任会遇到青春期学生交往异常的情况。他们之间有亲密行为时，班主任该怎么办？

我曾经亲眼看到小晶（班级团支部书记）与听话的小东（班级体育委员）有亲密动作。那天上午的第三节课，体育课改成了室内活动课。我到班级巡逻，压根没想到优秀的她和听话的他，左手下棋，右手牵手。当时我真的想批评他们，但看到他们惊恐万分的眼光，我又按捺住自己，装作没看见。我在教室里慢慢地转了半圈，还与一名男生下了盘跳棋。午间时候，我趁大家不注意，把他们请到办公室，又拉上窗帘，送上真诚的笑脸，他们却已经递上了纸条。

小晶写道："老师，我在初中从来没有跟男生讲过很多话。在这里我收到了这么多年来的第一封情书，里面没有华丽的语言，但我无法抗拒，又万分恐惧，上课经常分散注意力。我们说得最多的是，要是被老师发现，该如何办？这件事我很后悔。老师，相信我，好吗？"

小东写道："老师，我错了，我也好几次下决心，不要这样下去，可是爱情的魔力无法控制。现在终于被你知道了，你知道我们有多么惊慌、多么后悔吗？可是老师，我们不是你想象的那样，我们连手指碰一下都会脸红，你说我们会发展到什么地步。我们第一次犯这样的错误，请给我们一个改正的机会吧。她那么胆小，这次一定会认真思考自己的错误的，我求你别撤销她的职务。"

从他们的叙述中，我感到学生的牵手如《山楂树之恋》般纯净、唯美。我看出了四个信息：一是第一次、新奇；二是内心恐慌；三是对老师忠诚；四是同学之间有诚信和善良，有责任和担当。

多好的为人品质啊！我怎么能无视他们的优点，抹杀他们的青春自然美呢？

为了尊重他们，减轻他们的心理压力，给他们营造安全的氛围，我给他们讲述了自己的青春启蒙故事。接着，我引导他们领悟："这是青春期很正常的心理反应，普通花卉的成长还需要经过一段时间的栽培才会产生芬芳，爱情的花朵更不好突然开放，何必急于采摘呢？与其惶惶不可终日，不如仍以普通同学相处。我相信你们能做到，你们有信心吗？"

小东说："有！那还要不要在全班同学面前检讨？"

我说："你们说呢？"

小晶说："我们不想那样，但是我们一定会处理好的！"

我说："好，我相信你们会用实际行动来证明！你们是班干部，我们还是出一个异性同学交往细则作为'班级公约'的附件吧！"

我们以轻松的状态，拟出了四句有关异性同学交往的话语："同学都是兄弟姐妹，在校不能谈恋爱，保持一份美好情感，留待毕业有缘再见！"同时，我们把"班级公约"中的第二条"说谎是最大的罪恶，这里提倡实话实说"改成"说谎是最大的罪恶，这里提倡实话实说，有话好好说"。"班级公约"让违纪学生尝到了拥有话语权、遵守规则的好处。

三、养成"思辨"好习惯，让心灵因感动而沟通

为了让班集体中的每一个学生都能养成好习惯，我告诉学生要智用"A—S—K"方法来让自己养成"思辨"的习惯。

"A—S—K"，合起来看，是英文"ask"，即"问"的意思。分开看，代表了思考的三个步骤：A——ask，问，问自己做的事情体面吗；S——say，说，说一说、辩一辩，明辨是非，说出"是"或"不"，如果"是"的话，请大胆地说"是"；如果"不"的话，请大胆地说"不"；K——think，想，想接下来如何行动来做一个有道德的人。

"A—S—K"的核心是思考如何做一个有道德的人。一个有道德的人是懂

得尊重的人。自尊和知耻是获得别人尊重的重要前提。自尊就是尊重自己；知耻就是要有知耻之心，即对他人干了不好的事情感到厌恶，对自己干了不好的事感到羞辱。

有段时间，当我沉浸在班级管理的一路凯歌中时，我的学生却在暗地里以轮流请客吃饭的方法庆贺班级蝉联校运会冠军。据调查，牵连的八位同学在两周内消费了2000多元。

收到信息后，我立即叫来"吃饭团"成员，要求他们自查、自报吃饭的经费来源，并采用"AA制"，算清每个人应承担的费用，同时下发"告家长书"，以杜绝请客之风。不料，"冠军团"突然反抗，离校出走，他们扬言要去打工。我与所有的家长到处去寻找，但是，他们就是跟我存心"躲猫猫"。

回到班级，我想利用学生传递信息的方式去唤回他们。为此，我特意精选了三首歌去浸润学生心灵。深情的乐曲飘荡在教室里，同学们出奇地安静。

我播放的第一首歌是《离家的孩子》，阐述现象，点明这是一种离家行为。"离家的孩子流浪在外边……不是这孩子我心中无牵挂……"歌声哀怨且低诉，铺垫出离家孩子流浪在外的孤独，传递出我作为班主任与全班同学一起对"离家的孩子"的无尽牵挂！

接着，我播放第二首歌《你快回来》，做出反应，要求他们立即终止离家行为。歌手的音色饱满而深情，尤其是唱到高潮部分："你快回来，我一人承受不来，你快回来，生命因你而精彩，你快回来，把我的思念带回来……"热情召唤离校出走的学生快点回家。

第三首《只要你过得比我好》，表达了我的牵挂与思念之情。教育拒绝失败，虽然我内心对学生与我的"对抗"有怨言，但还是热切地盼望并希望学生能平安归来……

此时此刻，感性的我早已双眼噙满泪水，内心同样在无数次地呼喊着"离家的孩子"快些回到班级中来。

当我拿出面巾纸擦泪水时，发现我的学生都静坐着，几个女生还哭了。我怎能忍心让我的学生难受呢？于是，我马上擦干眼泪，坚强地抬头，微笑着去唱"教育的歌谣"，继续"上课"。

三首歌曲串烧在一起，时而低诉，时而召唤，时而祝福，任全体学生静静地听着音乐，悄悄地看着我。父母的爱，老师的爱，班级的爱，歌词充分表达了我们的心意，"此时无声胜有声"。我知道每个学生的心里肯定也在盼望着"冠军团"能马上返回。

下课后，几个学生把我的言行举止及时向"出走者"传递过去。下午4点，他们安全回家了。

事后，学生用"A—S—K"方法反省了"出走事件"。他们说："老师，我们太骄傲了，认为自己进步很大，老毛病就犯了。您在班级为我们点歌，我们也要去电台为老师您点歌，就点《心会跟爱一起走》，'也许一切太完美，感觉像在飞……'，偶尔无心的伤害全都是为了爱，老师您要宽容我们啊！"从他们的言语中，我真正领悟到"左手思考，右手点金"的含义。

宽容是一种爱，被人宽容，就会得到另一种尊重。在人际交往过程中，养成思考分析、明辨是非、知耻后勇等习惯，这难道不是陪伴我们终身的一个好习惯吗？

苏联教育家苏霍姆林斯基曾说："儿童从来不会故意干坏事。"学生的集体离校，我难道真的没有责任吗？我反思着。

全校的运动会，对学生来说，就像奥运会般神奇。他们用汗水和拼搏一举夺取冠军，有充足的理由神采奕奕、神气高昂。也许他们的父母也想分享这份喜悦与荣耀，于是一家一家地吃饭、一遍一遍地庆祝。我的谈话干涉了他们的欢乐，更严重的是，我竟没有给他们分析利弊，一听到花了钱就定性为"公款吃喝、奢侈浪费"。我这样做妥当吗？

好粥是熬出来的！让学生善用"A—S—K"炼思辨，作为班主任的我，更要养成思考的习惯，这样才会避免师生之间不必要的矛盾与冲突，让师生的心灵因沟通而感动。

四、家访凝民心，让传统家访孕育温情魅力

陶行知先生说："中国以农立国，住在乡村的人占全国人口85%。平民教育是到民间去的运动，就是到乡下去的运动。"要想普及教育，就必须使教育下乡，开展乡村教育运动。

师爱，不仅要向学生证明你的爱，更要向家长传递你的爱！

为了做一个奋斗在平民教育第一线的忠实的实践者、爱心的传播者，把科学建设班集体看作情系农村的民生工程，我决定走进学生家庭，走进学生心灵。

我坚持家访的"三张名片"：

第一，浪漫家访。班主任要在酝酿师生情感的基础上，适时推出"家访"，打造"千呼万唤始出来，犹抱琵琶半遮面"的班主任家访浪漫之旅。

第二，项目家访。家访，要有规划设计，把家访当作一个项目，采用任务引领法来做。

第三，抱团家访。家访是班集体建设的一件大事，"出班访问""抱团进家"，组建以班主任为团长的"家访团"，营造"友好访问"的氛围，团结一批学生一起去家访。

家访不是告状，而是宣传职业教育思想的重要途径。

我牺牲休息时间，历时两个月，穿越当地十多个乡镇，南北纵横1000余公里，东西跨越20余个村，访遍全班65名学生的家庭，单在车上的时间就花费了3000多分钟。家访最佳时间是双休日或是工作日的下午5点到8点，这样我只能放弃吃晚饭，而在家长面前又要装作自己已经吃了晚饭的样子，微笑着家访。

我深入班上每一个同学的家庭，了解他们真实的生活，捕捉他们真实的内心情感。家访后，我写了一篇一万五千余字的文章《让传统家访孕育温情魅力——"千里家访凝民心"后记》。在漫漫的家访路上，我得到的不仅是学生的敬佩和家长的称赞，更收获了社会对职业教育的理解和支持。

背靠背陌生，面对面还会有陌生吗？答案刺痛了我的眼睛。此时我才真正领略：家访，走近了，才知道学生还很陌生。

通过家访，我才了解到班里一位左手几乎没有四个手指头、天生残疾的学生几近悲凉的家史：四岁时失去父亲，家中有两个姐姐，家庭最大的经济来源是依靠妈妈种的田地。农忙的时候，他与妈妈一起干活。

家访时，他跟我讲起了摘豆的技术："摘大豆的力道是从上往下使的，若是从下往上用力摘，可能会把整株大豆都拔起来。一天下来，往往是腰酸背疼，小腿抽筋。那双手就更不用说了，但手里会时时散发着大豆的清香。"听着朴实的话语，我对他油然而生敬意。

他朴素的劳动行为中渗透了一个17岁少年对母亲的爱，对家庭的责任感。我在心里想：我应该如何帮助他？同学们知道他的情况吗？我能说出这个秘密把他树立为"自强者"的榜样吗？在他今后的就业生涯中，他应该需要有个榜样激励他，抑或让他认清自己就是一个"榜样"。

我把他单独请到办公室，推荐他阅读我喜欢的作者郑丰喜先生撰写的《汪洋中的一条船》。里面有一段话，我给他示范朗读了一遍。那是这位天生双脚残疾的作者在台湾北港高中的演讲：

多少年来，上苍不断地用贫困、残疾、交迫来苦我心志！劳我筋骨！饿我体肤！但它最多只能给我暂时的挨饿、受冻。深信它，考验不倒我！折磨不死我！为了生存！为了人性的尊严！为了更美好的明天！我握着拳头！咬紧牙关！挺起胸膛！勇敢地、乐观地、接受上苍所给予的一切挑战。

我希望他能从阅读中感受到生命的力量。我想，这不单单是为一个学生解决心灵创伤的问题，更是我们每个老师的责任和良知的明证。

在征求他的意见后，凭他诚实的为人和坚实的专业知识，我向学校推荐并联系了当地一家知名建设监理公司，提前给他签订定向就业协议，并让他参加学校"小鲁班"奖学金发放暨校企合作就业洽谈会，鼓励他大胆而勇敢地登上主席台。他第一次在"大场景"下伸出了"未来建设者"的双手，任全体师生注目，勇敢地接受了公司的邀请，并签下就业协议。

有个学生在周记中记下了这一刻："今天，我为我班的陈同学而感到高兴。也许他会为他的手指残缺而自卑，为自幼失去父亲而可怜，为自己没有生在富裕的家庭而失望，但相信他会因为处在我们建筑班这个大家庭而庆幸。"

有同学说："我挺佩服班主任的，说好每个同学家都去，就一个个地去。无论路远路近，带同学进行开放式家访。"

有同学写道："从来没有一个老师在学生不犯什么错误的情况下去家访，而老师您就不同。在黄老师眼里，我们都是平等的。"

五、"情趣语文"，学语文，学做人

课堂教学是德育的主渠道，班主任更要努力上好自己的课。

苏霍姆林斯基指出："班集体建设第一个重要前提条件是高质量的课堂教学。"全国班集体建设研究会的唐云增先生指出："班主任应该紧紧依靠科任老师，一起参与到班集体建设中来。"

有个学生在调查表中写道："我不自信，不善于讲话、交朋友，但我希望在语文课上我们全班能有很好的交流。"多年的语文教学，让我感到训练学生表达与交流能力的重要性。

语文是唯美的。语文教学是一个充满激情的空间，它既由平凡的小事组成，又在细节中闪耀着光辉。它是一种睿智的思想，一个高贵的灵魂。

我把语文教学理念定为"情趣语文"，语文学习的口号是"学语文，学做人"。我认为，"语文老师＝完美主义者＋节目主持人＋老顽童"。语文教育的过程，应该是学生感悟自由精神的过程，是学生舒展自由精神的过程，是学生蕴含厚重的民族文化的过程。教师要给学生提供新鲜的生活气息，让学生爱学语文。

针对学生作文题材同质化、作文描写程式化、作文细节雷同化的现象，我别出心裁地收集教学资源，锻炼学生的表达能力，也愉悦学生学习的心情。

"窗外的麻雀在电线杆上多嘴，你说这一句很有夏天的感觉，手中的铅笔在纸上来来回回，我用几行字形容你是我的谁……"，学生很喜欢唱周杰伦的《七里香》，于是我让学生根据歌词进行想象续写。

建筑专业的铮铮男子汉会如何去续写呢？我带着疑问看他们书写的文字，却发现男生的心思太细腻了！

陆同学写道："我用几行字形容你是我的谁……善良、美丽、迷人，组成一个十全十美的你。没有你也就不会有我——我的母亲，我的天使。在我心中，你是最美丽的。你苍老的面容是为了我而变得憔悴的，你粗糙的双手也是为了我而长满老茧的。我最美丽的母亲，不管你变得多么老，我都一样会爱你、孝顺你。你在我心中永远都是最年轻的。"

对人的创造力来说，有两个东西比死记硬背更重要：一个是寻找知识，另一个是综合使用这些知识进行创造的能力。语文课堂赐予学生创新的力量，推动学生思考现实生活。除了歌曲想象创作，我有时还会根据班级实际需要，让学生即兴书写。

有一次，戚同学在周记中反映了入不了团的感受："这个星期我班上几位同学入团了，难道我真的很不先进吗？我以为我比上学期进步了。入团入不进，读书没信心。"

我想，虽然没能入团，可千万别影响他的积极性啊。于是，我把周记拿到班级宣读，并在和谐的班级氛围中开展了为"入团入不进"即兴征求下联的活动。根据人气、点击率，评出五条优秀对联，进行德育加分。学生顿感新鲜，抛出的下联有"生活要自信""学习加把劲""大家齐奋进""希望能前进""明天一定行"等。对于那个没入团的学生，为了感谢他实话实说、提供素材，也为了维护他的自尊，我给予他双倍加分。这个教育细节的开展，让班级充盈着欢乐的人情味，激发了学生的生命情趣和活力。

知识就是力量，而热情和勇气是启动力量的源泉！

学生这样评价我的语文课堂："语文教学一半是知识，一半是做人的原则；语文是最能了解人生道理的一门课程。老师比较幽默，学生比较活跃，师生和谐相处，关系十分融洽。语文课是丰富多彩的、生动的、有趣的、轻松的、有新鲜感的、很特别的，总是有激动的心情。课堂有高潮，没有人睡觉。"

六、爱的盟友是春天

毕业后，去西藏当兵的莫同学给我寄来一封信："在部队，我的时间观念特别强。每天我总是第一个起床（与在学校寝室里一样），从不赖床。每次操课时间，我都有意识地提醒自己要戴好帽子，扎好腰带。我在部队还懂得谦让，尊重别人……我想，我是您一点一滴培养出来的。十分感谢您！"

一颗珍珠只有经历岁月的酝酿，才能散发夺目的光辉；一颗心灵只有经历时间的洗礼，才能感悟成长的轨迹。

我是看着著名教育学者魏书生老师的《班主任工作漫谈》去做好班主任的。2010年，我来到了魏书生老师的故乡盘锦，参加第19届全国中小学班集体建设研讨会"书生杯"主题演讲。我满怀激情地说："假如我当年对学生采取放弃、放松、放任、放纵，假如我当时对学生粗暴、野蛮、驱赶，那么到今天会有'一个都不少'的班级大家庭吗？会有全体学生的'读书被尊重，学业很珍贵，班集体很高贵'的深刻体验吗？感谢我的学生、我的班集体，让我全身充盈着高贵的感觉。"

两场演讲后，我荣获了全国"书生杯"主题演讲一等奖。在现场，我情不自禁地赋诗一首：

一方水土一方情，身在盘锦看风景。

渤海湾边话学生，大江南北来取经。

牵手不忘唐云增，育人先学魏书生。

天下普职一家人，鲲鹏展翅奔前程！

爱的盟友是春天，其中有我温暖的班集体之"家"。我扪心自问：我拿什么度量教育的幸福？教育的幸福，就是拿"爱与责任"凝结的师爱、师德来衡量的。

天空虽有乌云，但乌云的上面，永远会有太阳在照耀！

黎志新

广西百色高级中学语文高级教师,国家二级心理咨询师,广西"三八"红旗手,广西第一届家庭教育专家指导委员会委员。《班主任之友》《班主任》《新班主任》等刊物的封面人物。2015年获《中国教育报》"推动读书十大人物"提名,2017年获第二届中国家庭教育百名公益人物称号。从教27年,担任班主任工作20年,其治班之方、育人之道被《中国教育报》《中国教师报》《广西教育》等多家媒体报道。出版专著《做一个智慧型班主任》《做一个励志型的班主任》。

在书香世界里同修同行同进步

朱永新老师说："一个人的精神发育史就是他的阅读史。"这句话不仅影响了我自身的成长，让我养成手不释卷、天天阅读的习惯；影响了我育儿，让我牵着孩子的手走进书香世界；也影响了我带班，让我由此相信，阅读是德育的最好路径之一；还影响了我跟家长沟通的方式，与家长共读，切实给予家长帮助，提升他们的家庭教育素养。

师生相遇，是生命与生命的相遇，这份相遇暗含无限的意义。每接一届新生，我常常有一种"这么多人，偏偏遇见你"的欣喜。每一个学生性格千差万别，爱好迥然不同，因此，我想把班级带到理想中的境界，想读懂每一个学生，就得下大力气去读书学习。在书山中涉猎，就像潜入深山去寻宝，每有收获，便常有得宝之乐趣。于是，翻阅大量书籍后，我的视野变得开阔，寻求最佳路径、觅得合适方法后，也欣欣然与学生分享、探讨，共同把集体建设成书香班级。在师生共读中，孩子们的学习内驱力得以激发；在激扬文字中，师生感受到学习的美好。

当了27年的老师，做了20年的班主任，回顾这段教育旅程，我似乎只做了一件事：和学生在书香世界里同修同行同进步。

一、每日晨诵,用诗词歌赋擦亮每一个清亮的早晨

> 如果你知道我一生经历多少坎坷灾难,我怎样活过来,就知道经典对我的作用。我能这么走过来,其实是因为古典文化的精神在支撑着我。
>
> ——叶嘉莹

有人说,高中是应试教育的最前沿,这里听得最多的就是"考考考,老师的法宝;分分分,学生的命根"。周周测,月月测,许多人在分数和名次的"苟且"面前,"诗和远方"变得越发遥不可及。但酷爱诗词歌赋的我,总想着给学生单调重复的生活添一些佐料。

过了一个暑假,九月,我接手一个新班级。享受了一个长假期,同学们养成了睡懒觉的习惯。刚开学,不少同学还停留在放假的状态,慵慵懒懒的,拖着疲惫的脚步走向操场,做操的动作严重不到位。做完操,又毫无生气地走进教室,坐到自己的座位上,趴下:太困了!怎样才能治疗同学们的"假期综合征"呢?批评?我可不想像别的班主任那样,站在教室门口,板着脸迎接每一个黎明,迎接每一个学生。惩罚?我也不想以这样的方式开始新的学年。还是借助温软的诗句吧,那些珠玑般的文字最容易拨动人的心弦。突然,"熹微晨光一日始——晨光诗词晨诵"这个主题出现在我的脑海。

主题有了,思路清晰了,课程的框架也就明朗了。假期的阅读积累都是为了此刻的孵化。就这样,在开学第一天,我解决了整个假期都悬而未决的问题——第一个晨诵课程。

我们用纪伯伦的诗拉开了"熹微晨光一日始"的序幕:

> 新的一天清晨,
> 带着一夜未醒的梦幻,
> 走向世界。

> 我祈祷,
>
> 相逢一轮簇新的太阳,
>
> 眺望一片鼎新的天空,
>
> 呼唤一阵清新的空气,
>
> 投入一座全新的城市,
>
> 把陈旧的心灵撒在风中,
>
> 让它随风而去。
>
> 向着新的一天大喊,
>
> 我来了,
>
> 请给我新的梦!

第一遍诵读结束,我模仿同学们的语气读,有气无力,没精打采。

我问:"新的一天清晨,来了吗?"

同学们答:"来了。"

我再问:"真的来了吗?我没感觉到。"

同学们整齐洪亮地说:"真的来啦!"

我说:"嗯,我隐约感觉到了,感觉到一个美好的早晨来了。大家再读一遍给我听,让我再感受感受。"

不少同学调整了坐姿,挺起胸,抬起头,举起自己的摘抄本,大声地诵读,特别是最后几句:"……向着新的一天大喊,我来了,请给我新的梦!"

读完后,我笑了,同学们也笑了。

我说:"这样一个清亮的早晨,被大家唤醒了。"

序幕拉开,我们每天早晨都徜徉在诗词的海洋中。

9月3日,早操结束,我们一起诵读了张养浩的《晨起》:

> 恋枕嫌多梦,开帘曙色迷。
>
> 鹤寒依户立,猿馋近厨啼。

> 蹴石泉鸣屋，吞烟树隐堤。
>
> 村居真可喜，触处是诗题。

大家刚读到开头的"恋枕"就笑了，看来这两个字说到大家的心坎里了。再次诵读时，声音已能传递出诗的意境。

就这样，每天10分钟，我们从纪伯伦的诗开始，走进张养浩的《晨起》，感受"触处是诗题"的美妙；诵读陈与义的《早行》，在"稻田深处草虫鸣"里感受清晨的静谧；诵读温庭筠的《商山早行》，在"鸡声茅店月，人迹板桥霜"中感受"莫道君行早，更有早行人"的诗味；诵读毛泽东的《忆秦娥·娄山关》，在"雄关漫道真如铁，而今迈步从头越"中感受豪壮的激情……

在每天10分钟的晨诵中，我们看到了一个个在晨光中忙碌的身影：有商人，有游子，有将军，有士兵……他们或为生计，或为理想，或为收复失地，或为保护疆土而早起早行……

半个月后，"熹微晨光一日始"专题晨诵画上句号了。同学们也治愈了"假期综合征"，精神抖擞地迎接每一个清晨。

光阴流转，我们的晨诵仍在继续。国庆前夕，我们进行了"位卑未敢忘忧国——爱国诗词晨诵"专题诵读；重阳节时，我们又与菊花相约，进行了"千古高风说到今——咏菊诗词晨诵"专题诵读；西风猎猎，寒意袭来，我们和梅花相对，有了"只留清气满乾坤——咏梅诗词晨诵"专题……日子一天天过去，"梅兰竹菊四君子"的古韵古风走进一个个清晨……

相对于24小时来说，10分钟真的不多；可每天10分钟，持之以恒，则滴水成河、积土成山。

假期又快到了，我把即将到来的新学期"每日一诗"专题的选择权交给学生。一个学期来，每一个专题都是我确定的，每一首诗都是我选择的。而我眼前的这群学生已经17岁了，他们完全可以自己确定主题、选择诗歌、制作课件并组织同学们晨诵。

看看交来的作业吧：

曾露莹的"悼亡诗词"专题、赵勤勤的"送别诗"专题、志君的"金庸小说诗词选讲"，肖丁的"咏荷诗词"专题……真不错！有的学生在确定专题的时候范围过大，如"咏四季"专题、"歌咏佳节"专题等。通过邮件交流沟通后，学生们意识到小专题方见深功夫，于是化大为小。

新学期开学后，我选择退到台下，让学生们登台。开学初，我先选出"送别诗"专题的同学，让他们组成一个讲师团，以"朝闻游子唱离歌"为题，开始了"与诗词相约，展示你的风采"的晨诵活动。学生们走上讲台，从"春风春雨花经眼"（"咏春诗词"专题）到"梨花风起正清明"（"清明诗词"专题），再到"此曲只应天上有"（"音乐诗词"专题）……一首首诗词，一缕缕花香，让这群小蜜蜂在应试教育最前沿的阵地上，酿生活之蜜，让生活多了几分诗情。

又一个新学期开始后，我借助二十四节气策划专题晨诵活动，用诗词歌赋陪伴学生度过春夏秋冬，穿越一年四季，感受中华民族在农历的天空下诗意栖息的生活智慧。一路前行，我们用诗词编织起高中生活的诗意年华。

二、书单，我为学生"私人定制"

> 我们力求使每一个少年、每一个青年都找到一本他"自己的"书，这本书应当在他的心灵里留下终生不可磨灭的痕迹。
>
> ——苏霍姆林斯基

一个班级有几十个学生，每个学生在成长的过程中总会遇上这样或那样的烦恼。青春期的情绪需要引导，而阅读可以疗愈受伤的心灵。

小苏正饱受眼疾的困扰，身体状况也不大好，导致学习成绩不断下滑。谈话之际，我没有劝他刻苦用功，而是让他注意用眼卫生，要求他每节课后都到江边散步，每周都去打打球（他很喜欢打篮球）。但是他一直担心自己的成绩，更担心他的眼睛——那个已经困扰他将近一个学期的病痛。我送给他一本书——《老人与海》。过了一个星期，他跟我说："老师，我太喜欢这本书了，有些片段我都能背下来。"我知道，桑地亚哥老人赋予了他走出困境的能量。

某个清晨，小梁的伯父逝世了。接到他家里的电话后，我带他出了校门。看着他急匆匆离开的身影，我若有所思。回校后，我跟他谈心。他跟我说起伯父的一些往事，说起在他匆匆离校的那个早晨，伯父约他一起吃早餐，但他因为着急返校，没有答应伯父的邀约，谁知，那个早晨竟是永诀……

他说："老师，你有关于思考生死的书吗？我很想看。"

我交给他一本《妞妞：一个父亲的札记》，说："也许周国平的思考会引起你的共鸣。"

为了把学生培养成书香少年，我在书海中淘宝，为不同性格特点的学生寻找不同的书籍：热爱篮球的，我们一起共读姚明的《"明"扬天下：姚明：一个人的NBA》；热爱散文的，我们一起共读鲍鹏山的《寂寞圣哲》；热爱古典诗词的，我们一起共读叶嘉莹的《唐诗宋词十七讲》；热爱小说的，我们一起共读蕾秋·乔伊斯的《一个人的朝圣》……是的，为了给学生寻找一本合适的书，我可以把几十本名人传记一读再读，然后从中挑选出最合适他们的，以引起他们的共鸣。为能给不同个性、不同爱好、不同特长的孩子推荐优质图书，一不小心，我把自己培养成"吃杂食"的"书虫"，阅读自己所爱的书，也阅读孩子们所爱的书。

更多的时候，我会借助"生日"这个特殊日子给学生送书。

高中校园，寸时寸金。时间就是分数，时间就是名次。学生们桌上堆满了习题集、练习册，课程表上排得满满当当。我无法一一给每个学生过生日，但通过精心准备，我们每个月有一个集体生日会，时间就定在每个月的最后一个星期日的晚上。

每个月的集体生日会，都由一个宿舍策划并承办，从主持人的确定到节目审定再到节目顺序的安排，都由所策划的宿舍成员决定。作为班主任，我的节目是全场的压轴：以书相赠，用诗祝福。

每当这个时候，我耳畔总是响起纪弦的诗《你的名字》：

用了世界上最轻最轻的声音，

……

刻你的名字！

刻你的名字在树上。

刻你的名字在不凋的生命树上。

当这植物长成了参天的古木时，

呵呵，多好，多好，

你的名字也大起来。

大起来了，你的名字。

亮起来了，你的名字。

于是，轻轻轻轻轻轻地唤你的名字。

2014年9月的集体生日会上，我们为该月出生的柳萌、采泽、凌丹、雅迪过生日。我希望他们能更乐观、坚强，所以送给他们一本《史铁生作品精选》。我将他们的名字串成一首小诗，来表达我的祝福：

祝福·追梦

青春的柳树越长越葱茏，

生命的花朵萌发出蓬勃生机。

采撷一抹艳丽的光泽，

装点奋飞的翼，

带上凌云壮志和一颗赤子丹心，

以及我们的祝福，

去追梦吧，

到远方去！

终有一天，

> 你会以优雅的身姿启迪后人：
> 熟悉的地方没有景色！

10月，是园铺、筱卉、树荣、鹭丹的生日，我也将他们的名字串成一首小诗，以诗歌唱他们的青春：

> 美丽奇葩园圃中，
> 树木欣欣以向荣。
> 晓风轻拂摇异卉，
> 丹鹭振翅上苍穹。

一月又一月，日子串起一个个生命，诗写了一首又一首，书送了一批又一批……几年下来，从《苏东坡诗词选》《世间绝美词句：纳兰容若词选》《李清照诗词集》等古典诗词读物，到《居里夫人传》《钱伟长传》《梁思成的山河岁月》等人物传记，再到《红楼梦》《围城》《平凡的世界》《简·爱》《基督山伯爵》……各类经典名著就是以这样美好的方式到达学生的书桌上、枕头边的，并且对他们的精神成长产生实实在在的影响。

三、学生为我推荐好书

一本智慧丰富的、有鼓舞力的书，往往能决定一个人的命运。

——苏霍姆林斯基

我和学生因"书"成"友"，师生间有了更多的话题、尊重和理解。后来，学生们也常常向我推荐书。

有一次，小范同学拿了一本《谁的青春有我狂》，说："老师，这本书很值得看。"我翻看作者，是一个叫"子尤"的少年。我以为又是那些吸引他们的网络读物，惜时如金的我，哪舍得把时间放在网络小说上呢。我正想找托辞推掉，小艳凑过脑袋说："老师，你看看吧，真的很值得一读。"于是，我决定走进子尤的心灵世界，很快就沉浸其中，为他流下感动的热泪。也因为这本书，我更了解青春期孩子的内心世界。

有一次课间，我和同学们在走廊聊天，小周拿了一本《图说天下》对我说："老师，读读这本书吧，你会喜欢的。"我笑问："你怎么知道我会喜欢呢？"她说："因为你爱旅游啊，而且我觉得除了散文、诗集、人物传记，你也该读读别的书了。阅读，可以多元化的。"瞧，语文课代表还关心我的"知识结构"问题呢。

在向我推荐书的学生中，小橙给我的印象最深。在老师面前，他不善言辞，却喜欢用让人无法抗拒的方式接受他的推荐。有一次，他拿了一篇文章给我，这篇文章是从《羊城晚报》上剪下来的，题目是《伟大的"教书匠"》，介绍了一本新书——《教书匠》，作者是一位有着30年教龄的美国人，叫弗兰克·迈考特，这本书出版一周就登上了《纽约时报》畅销书榜首，之后迅速被译成20多种文字，被读者誉为"自传体故事中最真诚的作品"。读完这篇文章，我即刻买了这本《教书匠》，并且一口气读完，读书的过程是震撼的、感动的。

最让我难忘的是他们给我送新年礼物的场景。

那一年春节过后，学生们回校上第一节课。我走上讲台，看到一大堆旧报纸堆在讲台，一边整理一边嘟囔："怎么这么乱糟糟的。"然后顺手就把它往旁边放。没想到，拿走旧报纸后，一个包裹赫然入目！我抬眼看着全班学生，他们期待地看着我，笑若春花。

我有些惊讶："怎么？谁的？"

大家异口同声地说："送给你的！"

我有些激动："怎么送我东西呢？"

不少同学叽叽喳喳起来："老师，打开它！"

感动的情绪涌上来。我一边嘴里嘀咕着"你们总是让我无法平静地上课"，一边打开包装纸。一本书！再读名字——《白痴》！全班大笑，我也大笑，这是陀思妥耶夫斯基的名著呢，我喜欢！

我说："大过年的，你们怎么会送我《白痴》呢？！"全班学生哄堂大笑，这帮家伙，"整蛊"我啊！

翻开书的扉页，哦，还有几张书签，上面密密麻麻地写满了文字。我读着那些句子，感动的情绪又一次涌上来：

感恩的心，感谢有你！

——小媚

你的存在让我尝到生活的甜美。

——银香

愿你年年月月时时分分秒秒都健康快乐。

——茵瑜

只要阳光的表情常驻，即使长得不够漂亮，也充满了无限魅力。

——楚琪

今日披星戴月，明朝轻舞飞扬。

——小玲

白痴万岁。

——天才

你不是迁徙的候鸟，你是照亮学生心灵的月亮。

——超群

……

我一边欣赏着学生的留言，一边享受教育的幸福。

我感叹："如果我成为白痴，你们成为天才，我乐意哈！"

全班再次爆发出一阵大笑！

很多年过去了，如今回忆起这件事，我仍被喜悦和幸福包裹着。

我和学生之间关于书的故事太多了。如果说我的阅读视野还算开阔，那么我的学生功不可没。他们看到一本本好书，总会不失时机地向我推荐。在分享书香的过程中，我和一批批学生结下了深厚的友谊。

四、书名串联，盘点收获

  大师们的作品在我们心灵扎根，诗人们的佳句在我们血管中运行。我们年轻时读了书，年老了又把它们记起。

——赫兹利特

  每隔一段日子，我们会安排一个时间，回望自己的阅读足迹，触摸每一个有书相伴的晨昏，嗅着书香的味道，整理阅读书目。我们或把书名拟成对联，或把书名串联成段，然后举行一次简单的朗诵会，在分享这些优美的语段中感受精神的富足。比如：

  我比《雾都孤儿》幸福，但我没有《秋千上的女子》有才。我的物质生活比《波莉安娜》优越，但是没有《小公主》富贵。但不论是贫穷还是富贵，外在的物质条件不是决定你人生快乐的重要条件。我读完《居里夫人传》，又看上了《甘地自传》；我看完了《共和国领袖故事：周恩来》，又想读《十大将军：将帅传奇人物纪事》。我像个贪婪的猎人，在书山中涉猎。我渴望通过博览群书，能成为《世界上最伟大的推销员》。

  在《墨迹》（曾子墨著）的书香中，我体会到人生百味。杨澜的精彩（《精彩杨澜》）、卡莉·菲奥莉娜的《勇敢抉择》，让我读到才女们的《紫陌才韵》。无论是《启功的坚与净》《梁漱溟的孤独思考》《巴金的知与真》，还是《徐志摩的前世今生》《鲁迅的彷徨与呐喊》《普京的冷面人生》，我都能感受到才子伟人们的才情人生。一本本《名人传》，让我《飞得更高》！

  这一年，我随哈克贝利·费恩去历险（《哈克贝利·费恩历险记》），看到《歌剧院的幽灵》；我随三怪客去泛舟（《三怪客泛舟记》），在《烟波蓝》的涟漪中,听到《勃朗特一家的故事》;我随《基督山伯爵》去复仇,看到《安娜·卡列尼娜》《复活》在我的记忆里了;我在《青青陌上桑》聆听史铁生的《扶轮絮语》,他在与病魔抗争的过程中,虽感觉到《命若琴弦》,但却面带笑容地写下《病隙碎笔》。

学生们将自己阅读过的书名串联成段,一本本书如一粒粒闪亮的珍珠呈现在我们面前。当我们用心把一粒粒珍珠串成一串美丽的项链时,每一个日子也就闪光了。于是,满室飘香!

在高中阶段,"分数"和"名次"是学生心中最重的阴霾,这些书籍的光芒会擦亮每一个晨昏;在学生时代,"周测"和"月考"是学生心头最重的负担,这些书籍的芬芳让很多人能聆听到自己心灵的轻音。

五、"百家讲坛",分享阅读的快乐

在那儿,年轻人与老年人,教师与学生围坐同一张桌子,共进他们的世俗之餐和永恒的生命之餐。

——泰戈尔

在书海中遨游,学生们举手投足间多了几分自信。在他们底气越来越足的时候,我开展了"百家讲坛"活动。假期来临前,我大张旗鼓地招聘"讲师",这些与经典为伴、与书香同行的少年少女跃跃欲试:黄诗颖报名主讲《红楼梦》著名片段《林黛玉进贾府》,杨雯屹报名主讲《水浒传》著名片段《林教头风雪山神庙》,岑积民报名主讲《三国演义》著名片段《失街亭》,宋俊泽报名主讲《天龙八部》的选段,潘仕龙报名主讲古龙小说艺术,卢炳锋报名主讲《西游记》,王皓百报名主讲《百年孤独》……

经过一个假期的深度阅读,学生们回到学校。他们对作品的研究热情不仅没削减,反而更高涨了。大家在走廊、办公室、操场……或三五成群地争论,或两人激烈地辩驳。学生们多次讨论人物的个性特征，对一些情节的不同理解交换意见，对背景的不同看法展开争论，对一些环境描写进行赏析……

事实上，"讲师们"还没正式上课，很多同学对作品已深入研读。正因为有了这样的深度阅读，"讲师们"在讲课的时候，课堂讨论才会如此活跃：黄诗颖在讲《红楼梦》，分析宝玉性格的时候，出现了激烈的争论，课堂气氛非常活跃，尤其是对于"摔玉"这一情节，有同学提出了"少年性""无神论"的观点；卢炳锋在讲《西游记》的时候，提出了从孙悟空的军事装备小窥西游世界的视角；潘仕龙在宋俊泽讲完金庸的《天龙八部》后，对金庸和古龙两个小说家笔下人物做了这样的定位："如果说金庸小说中的人物可以概括成'大侠是怎样炼成的'，那么古龙小说中的人物就可以说是'浪子当年的那些事'。"……看着他们在讲台上从容自然的样子，我很欣慰：这哪里像边远山区的孩子呀，他们沉稳且自信。

是什么给了这群山区孩子勇气与自信？是缕缕书香！

有了勇气和自信，我决定由"讲"到"演"，让作品"活"起来。

我们开始为《雷雨》《茶馆》《三块钱国币》等作品招募"导演"，再由"导演"招募"演员"，然后分组排练。排练过程中，我从不干预学生的行为，做一个安静的欣赏者，欣赏这群少年少女如何把作品变得生动立体，欣赏他们给我带来的每个惊喜。

"老师，'王利发'会让你惊喜的！"

"老师，你猜谁演吴太太？绝对'悍'。"

"老师，你知道吗，平时最耿直的一个男生演一个兵痞呢。"

……

每天，这些"星探们"的小报告既让我高兴，又撩拨得我心里痒痒的。我很想"突袭"排练现场，亲眼瞧瞧他们排演的情况。但我告诉自己：要忍耐，延缓满足才能享受大幕徐徐拉开时的兴奋。

学生对每次"公演"都非常重视。哪怕舞台是简陋的教室，他们也满心欢喜。表演的所有道具都是学生"自主研发"的：几个不锈钢饭碗被改造制作成了毡帽;饮料瓶经过巧手包装,成了二爷种的萝卜;包装纸被巧妙折叠,成了吴太太家的花瓶;毛线被巧手改造后,成了三爷后脑勺上的长辫;眼镜盒成了吴太太手中的熨斗;牛皮纸被制作成了烟枪……学生的创意给"公演"增添了许多光彩。学生们的表演更是让我叹服:四凤的叹息和哭泣让观众泪目,繁漪的歇斯底里博得满堂喝彩,吴太太的泼辣无理真实再现了《三块钱国币》的现场……

当大幕徐徐拉上,当笑声、掌声、欢呼声渐渐远去,许多同学拿起笔,记下表演的精彩:

斑斓的日子呵,从来都没远离我,仰头看着夜空,将弯月当作微笑。
——杨雯屹("王利发"的扮演者)

我一直追求"青春无悔"。操场上挥洒汗水,课堂上发奋学习,舞台上的载歌载舞……我一个都不想落下。庆幸自己能够学在"早堂",玩在"早堂"。少年初长成,风华正茂。我用文字将这场无与伦比的庆典,载入青春的纪念册。
——黄玲莉(晚会摄影师)

《茶馆》中反串"王利发"的大成功、"王淑芬"的贤惠、"李三"的本色出演赢得了阵阵喝彩;《雷雨》里"繁漪"的惊艳亮相,"四凤"的声泪俱下,"周萍"那令人措手不及的下跪,换来了同学们的阵阵尖叫;《三块钱国币》里"吴太太"流利的台词、"杨长雄"的正经与最后的爆发,一切都太棒啦!
——农彬竹(晚会摄影师)

谢幕后,大家的欢呼声和赞叹声此起彼伏,不绝于耳,我心里很得意。没想到我们能演得那么好,受到大家的一致好评!虽然舞台只是一个三尺见方的地方,也没有华丽的背景、绚丽的灯光,但它简而不陋。在这个小小的舞台上,我们挥洒着青春与汗水,寻找着自己的闪光点,用成绩证明:只要奋斗,就没有什么不可以!
——黄璐翎("四凤"的扮演者)

电视上有过这样一段脱口秀："有一个学校，有一个班级，有一个团体；后来，有一场考试，就这样散了。那一年，我们觉得世界很小；如今，各奔东西后才知，也许一别就是一世。"言语中略带伤感，这伤感也许缘自分离之后各奔东西的无法相聚。可我想说：有一个学校，有一个班级，有一个团体，用一场场书香活动串起每一个闪光的日子。那些年，我们觉得舞台很小；未来，各奔东西后才知，别后的我们在温馨的回忆里继续前行。

日子在书香中滑过，一届又一届学生走出校门，踏进更宽广的校园，登上更大的讲台和舞台。

在班级管理过程中，我把更多的精力放在"与好书相约"的引导上，用名著为学生补气，用经典为学生补血。久而久之，学生知书而达理，很多事情不必"三令五申"，很多被人称为"问题"的东西也在书香的浸润下逐渐化解。班级，表现出不一样的气质；学生，多了几分宁静儒雅。在浮躁喧嚣的时代，师生都离不开好书，那芬芳的墨香为我们滋养心灵、涵养静气。

六、做只流萤振翅飞

一路走来，我不再满足于只在有形的教室里播撒书香，我要把自己培养成一只"点亮自己，照亮他人"的"萤火虫"，振翅高飞，飞出校园，飞向远方，做更多人的"班主任"。

我一直觉得，一个老师不仅应该让校园里的孩子热爱读书，还有责任让社会飘满书香。百色位于广西的西部，下辖12个县区，它的头上戴着"老少边山穷"（老区、少数民族地区、边区、山区、贫穷地区）的大帽子。2011年下半年，当我得知以推动亲子阅读为主要任务的"新教育萤火虫"公益团队在北京成立后，就立即和这个团队的发起者、儿童文学作家、中国推动读书十大人物之一的童喜喜取得联系，并于2012年3月14日在百色成立自己的公益团队——"新教育萤火虫百色分站"。从此，我拥有了一间更大的、没有围墙的"教室"。

我的第一场讲座安排在2012年11月一个寒冷的周末之夜。那天，寒风吹彻，无星无月，没车接送，无人相随，我拎着电脑，骑上电动自行车就去了。那里没有豪华的报告厅，没有先进的设备，甚至连主席台也没有，只有一个露天篮球场，两张拼在一起的窄窄的书桌，一盏小小的台灯。讲座就这样开始了。

幽暗的夜色下，我看不到听众的表情，看不到他们的眼睛里是否有光芒，只能看到照相机拍照时闪烁的亮光，看到借助手机的亮光做笔记的笔，看到开启录音功能放在话筒前面的手机。一个半小时的时间太短了，阅读、书香，这些美好的字眼讲多长时间我都觉得不够。我常说，关于阅读，我想用一生一世讲下去。

讲座结束，掌声响起，我收拾东西的时候，身边已经挤满了人：大家问我要邮箱、电话号码、QQ、各年龄段更具体的书目……暖暖的人气驱散了冬夜的寒意。这互动的时间让我感觉到自己这只小小萤火虫的点点微光正在慢慢扩散开，照亮这片操场，照亮这片夜空，温暖更远的土地……

2012年，我讲了八场。2013年，我讲了十一场。我从小学讲到大学，从学校讲到企业，从城里讲到田野，然后走进山村儿童之家，一路飞翔，一路阅读，书声琅琅，书香四溢。

我在这间没有围墙的"教室"里奔走着，从"只有一个义工的团队"做起，利用业余时间，敲起锣，打起鼓，呼唤志同道合的有识之士，为亲子阅读鼓与呼。在这个过程中，我饱受"黎志新搞传销"的质疑，蒙受"小心她在推销书"的委屈，但我都温和而坚定、从容而执着地走过来了。

如今，十年过去了，百色萤火虫仍在这块革命老区的土地上翩翩起舞，播撒书香……

在校园里，我仍然是一名普通的班主任，是一个平凡的语文老师。在校园外，我是一只力量很小、光亮很弱但执着飞翔的小小萤火虫，是一只点亮微光、汇聚微光、播撒书香的萤火虫。

一届又一届的学生为我的教育生命之树增添绿意，让我的教育生命之树渐长渐茂。寒暑易节，时光老人留下了有缘人关于书香、关于阅读的许多故事。

随着年岁的增长，我常常喜欢回头看自己走过的路。最初做班主任的时候，我总是高高在上地站在讲台上讲着大道理，恨不得将各种方法、技巧等都用上，效果还不好；教龄越长，年龄越大，越发觉得大道至简，实实在在地跟学生一起阅读，在书香的世界里同修同行，师生就静悄悄地同成长、同进步了。

李 颖

东北师范大学附属小学语文学科首席教师,吉林省骨干教师,吉林省教学新秀,长春市语文学科骨干教师,长春市科研型骨干教师。曾获吉林省少先队贡献奖、吉林省优秀少先队辅导员、长春市优秀班主任、东北师范大学优秀共产党员等荣誉或称号。

小孩儿不小

我是一名小学班主任，与6—12岁的孩子打交道已有19年。也许有人会说，与十来岁的孩子相处太简单了，不就是老师说怎么样就怎么样。若您真的这样认为，就太小看小孩子了。小孩子虽然年龄小、阅历浅，却拥有着认识世界、打开世界之门的"独特密钥"。19年来，我一直怀揣着敬畏之心，试图从孩子的视角出发，走进他们的内心世界，一边尝试破解孩子认识世界的神秘密码，一边享受与他们共同探索未知、创造生活的惊喜与感动。

一、被小孩子接受并不容易

小孩子喜欢上班主任并不难。如果你长相甜美，又总是面带微笑，浑身散发出温柔、平和的气质，小孩子也许一眼就会喜欢上你。让孩子喜欢很简单，可要让孩子真正地接受你，还要看日后每一天与他们的相处。

我与小孩子相处，有一个秘籍。这个秘籍像一把钥匙，帮助我打开孩子们的心门，让我从成人世界踏上彩虹桥，通往孩子们的心灵花园。这个秘籍说来很简单，就是"跟孩子们一起玩儿"。

我很喜欢跟他们一起玩儿：宽阔的操场上，我们围成一个大圈，一个人跑，一个人抓,跑不动了就站在某个人前面,后面那个人就继续跑;玩老鹰捉小鸡,我总是被孩子们推举为鸡妈妈,奋不顾身地保护着我身后的小鸡们;打口袋是我们最爱玩的游戏,几人一组,在我玩得兴高采烈时,总有其他组的孩子过来,尤其是女孩子,吵吵嚷嚷地让我陪她们玩一会儿……

有一天中午,看到几个女孩在做手工,我忽然想到朋友要过生日了,觉得亲手做一张贺卡送给她也不错。于是,我凑到她们身边,要了几张彩纸,跟着她们一起忙活起来。花朵做成什么形状更漂亮呢?叶子用这种绿色来涂是不是跟花朵更配?这里想画几颗心,但会不会有点俗?嗯嗯,做成立体的,这个创意好……在与她们探讨、请教的过程中,孩子们不厌其烦地手把手教我。一个女孩说:"李老师,我觉得你是个重情重义的人。"我笑了,问:"为什么这么说呢?"孩子回答:"一般大人的朋友过生日,通常就是请吃一顿饭,或者买一个蛋糕、买一件礼物。你是我遇到的第一个亲手给朋友做贺卡的大人。这份礼物比花钱更贵重。"看看,谁说小孩子简单,她们是天生的"哲学家",在平常的小事中也有自己的思考,洞察出成人世界的秘密。

一日,几个孩子围着我嬉笑聊天,说着班级里哪个男孩子长得帅的话题。突然,一个女孩说:"李老师,我觉得你长大了一定会嫁给体育老师!"话音未落,我却一愣,不是因为她把我和帅气的体育老师比拟在一起的惊喜,也不是孩子们心底对我的美好祝愿,而是她不经意间说出的"你长大了"这四个字。"你长大了",代表了她们把我当成了和她们一样大的女孩儿;"你长大了",代表了她们把我当成了与她们情投意合的伙伴;"你长大了",是孩子们发自内心地对我的接纳与欢迎;"你长大了",是对于我——一名班主任拥有童心的最高褒奖!十几年过去了,"你长大了"这四个字一直珍藏在我的心里,它是孩子们送给我的最好礼物,是我检验自身教育行为的一把标尺,也是我走进孩子世界的一件法宝,更是时时萦绕在我心头的一种幸福!

被孩子们接受的方式有很多种,我的方式只是其中一种。后来我发现,孩子们一旦接受了你,便有耐心聆听你的话、认可你说的道理。这大概就是"亲其师,信其道"吧!若是孩子不接受你,即使你为他们付出了很多,似乎也只是"剃头挑子一头热",不免让人伤心难过。所以,找到一条从成人世界通往儿童世界之路,是极其重要的。孩子们糊弄不得。丰子恺先生说:"天地间最健全的心眼,只是孩子们的所有物,世间事物的真相,只有孩子们能最明确、最完全地见到。"

二、每一个孩子都渴望被关注

新的一天,我正专心整理着交上来的作业,一抬头,一支崭新的红笔放在了我的案头。站在对面的悦悦静静地看着我,见我看见她,抿了抿嘴唇,似乎是笑了一下,就转身回到了座位。

趁着孩子们书写的时候,我特意拿起悦悦送我的那支笔,批改起作业来。同时,偷偷地瞄了她一眼,发现她似乎也在偷偷瞄着我。我撕了一张小纸条,在上面写道:"用你送我的红笔打对号,对号格外神气!"借着课堂巡视,我走到她的桌子边,轻轻将小纸条放在她的桌面上,想象着她阅读的表情,心里也格外地开心。

悦悦不太爱说话,既不是课堂发言中见解独到的那个,不是试卷上常有高分的那个,也不是下课疯跑、常让人担心安危的那个,更不是作业潦草、看起来就让人头疼的那个。她总是静静地坐在座位上,按照老师的要求听课、就餐、清扫,不用人多费口舌,也不会引起人的注意。虽然她一直在老师的视野里,但是如果不是有什么特殊情况,老师似乎又一整天都看不到她。像她这样的孩子,班级里不止一个,他们也形成了一个群体,我们通常叫他们"中等生"。这些孩子只是不擅长将内心外显出来,但是他们仍然强烈地渴望被老师关心、被老师"看到"。

对于这样的孩子,我常常主动走到他们身边,跟他们聊聊班级里最近流行的事物,哪些人发生了什么糗事,也会细心地发现他们默默做的好事,送上真诚的认可。聊天的时候我发现,周围发生了什么事,其实他们都知道,只是不会像其他人那样大声说出来。

一起玩耍的时候，这样的孩子有时会悄悄走到我的身边，拉起我的手，也不说话。每当这个时候，我也不刻意说话，拉着他们跟同学们自然地活动，但是会在欢呼、高兴，抑或是紧张、紧急的时候，看着他们，用力握紧他们的手，在手背上拍一拍，让孩子感受到我与他们情感的联结。那一刻，时间似乎在我们周围停止了，那是只属于我们情感交流的时刻。我知道，这种交流对于这样的孩子来说非常重要。

能否"看到"这样的孩子，还在于教师是否拥有一双善于发现的眼睛。每一个生命都有其独特之处，每个孩子诞生下来都有其特殊的使命，每一个人只需要过好由自己定义的美好人生。这种天然存在的差异性，既是让这个世界丰富多元的基础，也是孩子身上蕴藏的无限可能。所以，无论孩子是否长得漂亮、成绩是高是低、是否擅长奔跑，教师都不要用同一把标尺、同一个标准去衡量他们。

我相信，看起来平凡的孩子不一定平凡，而让他们变得不平凡的方法就是让他们意识到我们大人重视他们、喜欢他们，在他们的心底注入力量和阳光。在孩子人生的某一时刻，这些行为定会成为他们前行的动力。

三、小孩子也需要被尊重、被认可

与成人交往时，如若需要向对方提些建议或者指出对方的不足，通常我们会先思考一番，然后用艺术性的语言委婉地表达出来，可是面对小孩子，就不会顾虑那么多。指责连同不满的情绪直截了当、单刀直入，甚至野蛮粗暴地倾泻而出。我曾经思考过：为什么成人面对小孩子就会如此简单、蛮横？我认为，一是当我们面对错误时，怀疑、指责和不满是最直接的情绪；二是认为小孩子年龄小、个头小，跟成人比是弱势群体，让小孩子不高兴，哪怕是让其承担了"莫须有"的委屈，也不会对我们造成任何威胁和影响。所以，当小孩子有了问题或者犯了错误，成人会不加思考地、直白地把孩子数落一番。

这真的会对孩子改正错误有帮助吗？当然不！意识到这一点，我付出了惨痛的代价。

　　珍珍一度写字很潦草，我常常耐心地手把手教她，可是她的进步并不大。我判断是她学习态度不认真。那段时间，为了鼓励孩子们认真书写，养成良好的书写习惯，我每天都要表扬和奖励那些书写优秀、进步大的孩子，但由于珍珍一直都没有多大的进步，每次表扬都没有她。每次我都能觉察到珍珍略带失望的神情，但是我认为她上进心强，不表扬是对她最大的刺激，她会因此而更加努力地书写。可是事与愿违，她写的字一次不如一次。直到有一次我翻开作业本，龙飞凤舞的字迹映入眼帘时，我一时无法判断这是哪个淘气包的作品。翻到首页发现竟是珍珍的，我不由得火冒三丈，失望占据了我的心头：这个孩子怎么变成了这样！

　　我严厉地批评了她，从此对她的态度冷淡了许多。但这并没有改变她对写字的态度，反而影响了她在其他方面的表现。她开始在上课时跟同桌窃窃私语；每次考试都偷看同桌的答案。我为此警告过、批评过她，甚至在她的卷面上残酷地扣掉十分，但这些都没有阻止她看别人答案的举动。

　　珍珍的变化让我深深地陷入了反思中。我明明是为了她好，可她的表现为什么离我的期望越来越远呢？原来是我冷漠的态度、严厉的批评，拉开了我们的距离。她认为我不喜欢她，因此有了抵触情绪。这一切，不能怪这个七八岁的孩子，原因在于我没有顾及她的自尊，没有照顾她的情绪，没有关注她的心理，把我对她的"恨铁不成钢"甚至贴上了"爱"的标签。对孩子的不良行为，教师需要的不仅仅是关切，还要有理性。如果缺乏理性的驾驭，作为情感的"爱"是容易变质的。

　　从那以后，我总是观察她，不是去找她的问题和毛病，而是去发现她的优点，如扫地扫得干净、跟同学在一起很友好、读课文声音变大了……总是表扬她、鼓励她，一点一点地接近她。珍珍也开始一点一点地转变，字写得好了，成绩也提高了，我们又成为了好朋友。

　　师生过招，七八岁的孩子完胜！从那以后，我不敢再小看小孩子了。

　　有一次，我读到美国当代著名教育学家、哲学家诺丁斯的《学会关心：教育的另一种模式》一书，她的关怀道德教育理论对我产生了一定的影响。她认为：关怀始于教师的关怀行为，完成于学生的被关怀感受。也就是说，教师的关爱只有被学生感受到，才能称得上关怀。任何以关怀的名义为出发点，却无法将关怀送达学生心中的关怀都不是真正的关怀。

关怀的方式有很多种，尊重孩子、肯定孩子是我寻找到的最有用的一种。在与孩子的相处中，我逐渐修炼出一双"教师眼"：时时能看到学生的闪光点，用欣赏的眼光看学生，尤其是让我头疼的学生；用发展的眼光看学生，坚信每一个学生都有上进的意愿，都会发展变化。我用这双"教师眼"去看待我的学生，理解学生的情绪，看到学生的需求；给学生动力，建立互爱的师生关系，这使我找到了破解班主任工作难题的方法，也成为我做班主任工作的法宝。在与学生的同理互爱中，我感受到了做班主任的幸福感、价值感，深深地体会到了教师的职业尊严，也渐渐明白"教师眼"实际上就是"儿童眼""师者心"。

四、小孩子需要慢慢成长

在我们学校，每个班级外面都有一块长方形的展板，用来展示孩子们的作品。这是一个展示班级学生风貌、班级特色的重要阵地，我很重视这一小块"成果田"的耕耘。每个月更换展板内容时，我总会精心设计，甚至先画出一张草图，合理规划要展示的项目，力求美观、新颖、有创意。设计之后，我会亲自用彩纸打出标题，用剪刀沿着边线一个一个将字裁剪下来，还会挖空心思巧妙设计，让其别致夺目。我认为这样会培养孩子们的审美，也会让观看者赏心悦目。布置展板时，我更是亲力亲为，每一幅画、每一张作品都要找准位置，稳稳地张贴上去。这个时候，我通常会找个小助手，让他当我的"标尺"，以防贴高或贴低了。

每次布置完，会有几个女孩子跑到展板前，不由得惊叹"好漂亮"，也有孩子走到我的身边，对我说："老师，您布置得太美观了！"

有过几次这样的经历后，我发现，我精心布置的展板更多的是吸引了成人的目光，得到了不少老师的夸赞，老师们都夸赞我的创意独特、造型别致。多数孩子的目光却停留在同学的作品上，他们三五成群地讨论着从这些作品里获得的发现，对于我精心设计的花样似乎不那么感兴趣。成人的视角和孩子的视角完全不同。这也引发了我的思考：班级展板的功能到底是什么？经过思考，我得到了答案：一是展示的作用，展示孩子们的作品，而不是教师的风采。二是交流分享的作用，孩子们借助展示的作品，互相交流、切磋、讨论、分享，互促进步；老师们也可以通过阅读其他班级的作品，了解其他班级的教育特色，促进教育思考，而不是将目光聚焦在图案的美观新颖上。三是自主成长的作用，展板是孩子们的展板，设计布置应由孩子自主完成。孩子们在设计、布置展板过程中，通过深入思考、讨论与交流，增强了思考能力、合作能力、动手操作能力，促进了自主性的发展。老师的亲力亲为恰恰剥夺了孩子成长的机会。

有了上述思考，我转变了想法，把布置展板的权利交给学生，我们班级的展板也由"教师成长台"真正变为"学生成长台"。

虽然孩子们很有热情，也很有创意，但是由于能力有限，他们布置的展板并不完美。作品粘贴得不够整齐；有时作品挤在一起，旁边剩下很大的空余；标题的四周被剪得坑坑洼洼、不齐整……我常陷入一个两难的境地：指导呢，都按我的要求和标准，又是遵循了老师的想法；不指导呢，问题还有些明显。后来我想了想，在坚持"让孩子们得到成长"初心的基础上，采取了一个折中的办法：只要达到两个标准，展板布置就算达标——一是所有同学的作品都要得到展示；二是只要能说出展板设计的想法，就算展板布置得不那么美观，也不要紧。

虽然老师们再没有赞美过我们班级的展板，但是我为孩子们的成长感到骄傲。他们也越来越像班级的小主人，积极参与班级里所有活动的策划与组织，且乐此不疲。展板也随着年级的升高，布置得越来越好。

如果你允许不完美，孩子们一定会用"成长得更好"来回报你。孩子们表现出来的不完美，恰恰是孩子们成长的痕迹，是对他们成长原生态的记录。用成人才能达到的水平来要求孩子，这简直是天大的不公平。如果蹲下身来，用同伴的目光去看待孩子，你就会由衷地为他们竖起大拇指。

我们在小学阶段都有个经验，孩子们差一岁、差一个年级，能力会差不少，所以千万不要用统一的标准来要求不同年级的孩子。无论是布置展板、打扫卫生，还是书写朗读，不同的年级要有不同的标准，标准要根据本年级学生身心发展的特点而制定，要随着孩子们年级的升高而慢慢提高，不要因"完美主义"剥夺了孩子成长的机会，也不要因"功利主义"思想揠苗助长，提出超越孩子身心发展阶段的要求，要有"静待花开"的理解、等待和包容，花儿自然会绽放。

五、男孩需要更多的包容

一场暴风雨过后，天边出现了彩虹，太阳公公也露出了笑脸。孩子们兴奋起来，都想到户外去呼吸一下新鲜空气，到操场去玩耍。我也跟着他们走到了户外。

女孩们一到户外就三五成群，要么石头剪刀布，要么手牵手转圈圈。男孩则四散跑开，转眼就不见了踪影。突然，我的视野里出现了一个男孩，我便用目光追随着他。他正小跑着往前。顺着他跑动的方向看去，前面道路上有一块泥潭。"可别踩上摔倒"，我心想着。偏偏想什么来什么，男孩一脚踩到泥潭里，一个趔趄摔倒了，姿势还挺好笑。我连忙跑过去扶起他，笑着说："这么大块泥潭，你都没看见！"他不好意思地笑了，说："谢谢老师，我真是没看到！"脚上的泥，他也不在意，在干燥的地方蹭了两下就欢快地跑了。

我继续寻找他们的身影。在一片柏油地面上，不少男孩在玩耍。那片空地上有几块雨后的小水洼，男孩们正啪啪地踩着水，水嘣得老高，旁边的男孩想躲却没有躲开，溅得一身后没有生气，反而笑得更大声。水洼也吸引了一些女孩，她们蹲在水洼旁，不知道从哪里找来了小树枝，在水里荡来荡去。

回到教室后，我打量着每一个孩子。女孩的身上干干爽爽，男孩的鞋袜几乎湿透了，脸蛋通红，头上似乎还散发着热气。我问他们脚上凉不凉，他们一边摇头,说"不凉不凉",一边向座位走去,满脸笑意,浑身洋溢着一种满足感。

每到这个时候,我就忍不住想:男孩真是一种"奇怪"的生物。他们的感官似乎不那么灵敏,那么大的泥坑在眼前,就是看不见,不仅看不见,有时候还听不见,老师正说着话,一问,他们会说"没听见啊";他们也分不清干净和脏,越是泥水,越能激发起他们玩耍的兴趣,满身泥点也不在意;他们特别爱遗忘,刚刚犯了小错误,转眼就忘了,犯了第二次,还会犯第三次;他们明明跑得很快,却在做操、做手工、写字时显得很笨拙,该对齐的线总是对不齐……看着他们,我常常忍不住发笑,男孩和女孩的差别还真是大。

或许有些男孩目前的成绩不如女孩高,纪律不如女孩好,朗诵不如女孩声情并茂,写字不如女孩漂亮、整洁,还总是扰乱秩序,打打闹闹,给老师们增添了很多烦恼,但是请别生男孩的气,因为他们可能连谁惹得老师生气了都不知道。这是由男孩子独特的身体结构、生理特点决定的。男孩的生理特点决定了他们需要更多的空间、更多的肢体接触,通过对自己身体的掌控来探索世界,所以他们需要更多的打打闹闹、跑跑跳跳,比女孩需要更多的时间来慢慢地走向成熟。所以,老师们应该给男孩更多的理解、宽容和等待。

男孩与女孩的培养目标也应不尽相同。在我的班级,劳动时的脏活累活主要由男孩做,虽然他们做得没有女孩细致;搬物取书由男孩承担,虽然有时候他们会把书撒得满地都是。男孩女孩发生矛盾,我常轻描淡写地处理,一句"男孩要多让着女孩",让他们更豁达包容;男孩参加体育比赛,我鼓励他们坚持不懈,咬紧牙关,希望他们通过拼搏变得勇敢坚韧;我支持他们下课就去打篮球、踢足球,希望他们变得阳光乐观、健康向上;班级有活动,在组织讨论时,我常说"我想听听男孩们的高见,你们的判断力也很强",鼓励他们果敢坚定、从容自信……

跟女孩相比,男孩成长的土壤要更松软和富有营养,他们才能从小心存阳光、日渐茁壮。

六、小孩子需要用实践体验的方式认识世界

与成人主要通过间接经验认知的方式不同,孩子认识世界的方式需要看一看、摸一摸、闻一闻、尝一尝。鲜活的实践活动才能让小孩子获得生活体验,获得价值体认。实践和体验是孩子认识世界独特而重要的方式,也是连接孩子和客观世界的一座桥梁。所以,对孩子的教育不能仅靠说教,而要通过各种丰富多彩的实践活动,让他们在实践活动中成长。

我的家乡吉林省是红色资源大省,杨靖宇将军就长眠在这片土地上。杨靖宇将军是东北抗联英雄中杰出的代表之一。为了学习英雄精神,让孩子们厚植爱国主义情怀,我们开展了"走近人民英雄杨靖宇"主题教育活动。我们阅读了《杨靖宇传》,观看了影片《杨靖宇》,在吉林省博物馆参观了抗联战士物品展,还请来了杨靖宇将军的后人——他的孙子马继志先生为孩子们讲述杨将军生前的故事。

通过丰富的活动,孩子们在静态的阅读中,在生动的活动里,慢慢地润心共情,不断地走近人民英雄杨靖宇。

为什么丰富的实践活动才能加深孩子们的认识呢?从陈陈的描述中,我们也许能知道原因。

阅读了《杨靖宇传》后,我产生了一个问题:杨靖宇将军在没有食物的情况下,独自与敌人在冰天雪地里周旋了五天五夜,拒不投降。究竟是什么在支撑着他?带着这个问题,我和同学们到博物馆参观了抗联战士物品展,一双靰鞡鞋引起了我的注意。靰鞡鞋那么单薄,在天寒地冻的东北怎么可能过冬呢?!要知道,我们在冬天穿着厚厚的雪地棉鞋有时候还冻脚呢!我再次翻开书籍,寻找描写抗战环境的章节,从书中我知道了杨靖宇将军当时就是穿着这样一双单薄的鞋子在-40℃左右的恶劣环境中与敌人作战。我更疑惑了:究竟是什么让将军抗争到最后呢?直到将军的后人马继志伯伯来给我们讲将军生前的故事。马伯伯说:"有老乡问杨靖宇将军为什么不投降,将军说'都投降了,哪还有中

国!'"这句话震撼了我,我终于找到了答案。带着敬意,我又走进书中,重新阅读了表现将军坚定信念的文字,感受到了英雄坚贞不屈、向死而生的坚定信仰。

孩子们通过各种实践活动丰富体验、获得经验,在活动中产生思考,激发起探究的欲望,在与世界的对话中,内心逐渐充实起来,对世界的认识也更加深刻。

孩子的世界就是这样。这个世界很小,我们每个人都从这个世界走过,没感觉有什么不同;可是这个世界又很大,大到当我们面对一个孩子时,常常会不懂他的困惑。要想真正懂他们,就要习得一种儿童立场,尊重他们、发现他们、理解他们、解放他们,顺应他们的天性、规律去引导他们,成就他们。正如陶行知先生所说:"人人都说小孩小,谁知人小心不小。你若小看小孩子,便比小孩还要小!"

李庾南

江苏省特级教师，中小学正高级教师（二级教授），现任职于南通市启秀中学。创立初中数学"自学·议论·引导"教学法，获得首届国家级基础教育教学成果一等奖；连续担任班主任60余年，两次创造"连续任职时间最长班主任"上海大世界吉尼斯纪录；作为主要完成人的《"班级育人"60年实践与探索》获江苏省第三届基础教育教学成果特等奖。先后获评全国先进工作者、全国教书育人楷模、苏步青数学教育奖等称号。

"自育·互惠·立范"："班级育人"60年行与思

1957年，我高中毕业后直接走上教育工作岗位，直至今天，还坚守在三尺讲台上，被人们誉为"从课堂里走出来的教育家"。教初中数学，我创立"自学·议论·引导"教学法，获首届国家级基础教育教学成果一等奖；做班主任，2007年，创造"连续任职时间最长的班主任"上海大世界吉尼斯纪录，2017年，此纪录又被自己刷新。由于这两方面的突出表现，我获评第六届全国教书育人楷模。我年届耄耋，但童心未泯，总感觉自己离不开孩子们，就像他们离不开我一样。直至前几年，为了更好地实现教育公平，学校让我在年级内各班轮流教学，轮流做班主任，这才结束了长达60年的常态化带班生涯。

自忖漫长的育人历程，其间肯定有不少幼稚、欠妥之处，也犯过这样或那样的错误，但在方向性上，我可以问心无愧地说，自己一直以来是走对路的。我始终遵循党的教育方针，恪守师德要求，努力立德树人，为高一级学校和社会主义建设输送了一届届优秀的毕业生、合格的劳动者，为党和人民的教育事业做出应有的贡献。方向正确，才能行稳致远，而它最显著的表征是，在各个不同时期，形成和发展了有所差异但又有内在连续性和深刻关联性的个人育人主张。它们或隐或显，对自我的教育行为、工作方式、带班风格等都起着"规定"或决定的作用。

我把这60余年大致分为四个阶段。

第一阶段，1957—1977年。此阶段，我的育人主张是以严格管理促进学生发展。1957年，新中国确立了第一个社会主义教育方针，提出"全面发展""教劳结合"等教育思想。我以教育方针为指南，悉心关怀、全力促进学生各方面的发展。最初，心里常常念叨的是："假如学生是我的弟弟妹妹，我怎么做？"为人母后，则不时地想："假如学生是我的子女，我怎么做？"因此，难免有"爱之深，责之切"的心理和操之过急的行为，"严"字当头，同时也爱寓严中。学生能体谅和感受我的严与爱，上进心普遍较强，事事都争先进、做第一，几乎未曾把学校各项评比的最优成绩、最佳名次"拱手相让"。虽说这一时期给自己留下一些值得反思的事情，但也确实因为严爱相济培养了一大批表现优异的学生。

第二阶段，1978—1999年。这个阶段，我的育人主张是"自学、自理、自治、自律"。此阶段的前期是改革开放初期，社会面貌和人们的思想都在发生着急剧而深刻的变化。因这一形势，我自觉投身教育教学改革，渐渐悟出"教育的主体是受教育者自己"等道理，认识到出于教师、家长的要求或为了应付检查而学习，即便成为"好学生"，也只能是表面的、暂时的和缺乏后劲的，其主体意识、主观能动性并不能较好地发挥，也不能达到充分发展的教育目标，因而明确提出"自学、自理、自治、自律"，着意培养学生的"四自"精神和能力。其中，"自学"指在教师的引导下，积极主动地学习各科基础知识，逐步做到会学新知识，并由学知识走向学做人；"自理"指自己料理个人生活和学习事务，做自己应做且能做的事情，制订并完成学习计划等；"自治"指有权利并有能力处理个人与他人、个人与集体以及群体生活中人与人、人与事等的关系或矛盾，自主管理一些基本事务；"自律"指不是因为有纪律制度、社会公德等约束，而能认识到它们的意义与价值，并将之转化为自觉要求，再努力按要求去做。学生其实都有"四自"的愿望和潜能，关键在于教师要善于启发。它难在开头，起初必须下大气力，一旦进入"习惯成自然"的状态，"别人的教育"就成了"这个人自己的教育"，此时教师可适当"隐退"，班务管理则事半功倍。

这一阶段，我所带班级各方面优势日益显著，我自创的教学法也取得突破性进展，在国内产生一定的影响力。"四自"兼具教学原则和带班策略的意义，由此印证了一个道理："没有无教学的教育，也没有无教育的教学。"

第三阶段，2000—2011年。这个阶段，我的育人主张是发展学力，培养全面发展的"人"。我曾"望文生义"，把学生"定义"为"学习着的生命体"，学习是这一生命体最重要乃至唯一的工作和使命。千教万教，为的是学，为的是学生学习力不断成长。进入21世纪，我明确意识到，教育教学必须发展学力。在我看来，学力是在教师引导以及其他因素共同作用下，学生在知识、能力、态度与价值观等方面自主获得的成绩与进步的总和，也是学生在内在素质和外在行为方面所达成的实际效果。其中，知识是基础，情感、态度是动力，思维能力和良好人格是核心。它还是学生终身学习、可持续发展的基础。学科学习要发展学力，德育、体育等方面的学习同样如此。发展学力，就是在培养全面发展的"人"。

第四阶段，2012年至今。此阶段，我的育人主张是"自育·互惠·立范"，培养各种应尽之责的积极担当者。前50多年，我的育人主张始终贯穿着培养全面发展的"人"这根红线。进入中国特色社会主义新时代，对于为谁培养人、培养怎样的人、怎样培养人等重大问题，我的方向更明，思路更清，方法更优。育人先育德，首先是育精神和理想，促使学生形成"为中华之崛起而读书"的强烈自觉，要有爱党、爱祖国、爱人民、爱人类的博大情怀，有为实现美丽的"中国梦"而奋斗的责任担当。

回望近些年我的班主任工作轨迹和心迹，也为了和"自学·议论·引导"教学法的"表达"相呼应，经过反复斟酌，我把这一阶段的育人主张概括为"自育·互惠·立范"。它既有鲜明的时代特征，也是我过往长期实践和思考的逻辑必然，是对此前我的各种育人主张的进一步凝练与升华，并将成为我和团队今后育人的"总主张"，也是我们共同的"行动纲领"。我们将在它的引领之下，坚定不移地把学生培养成对自己、家庭、群体、社会和民族所赋予的各种责任的积极担当者。

一、自育：自我教育才是真正的教育

再优秀的教育者，再好的教育因素，都只能是学生成长的外因——变化的条件，只有学生自己才是内因——变化的依据。外因通过内因而起作用，同样，其他人的教育只有通过学生的自我教育才能内化于心、外化于行，发挥应有的效力。伽达默尔说："教育即自我教育。"苏霍姆林斯基说："只有能够激发学生去进行自我教育的教育，才是真正的教育。"

自我教育是学生以自我为对象而进行的教育行为，主要有自我反思、自我监督、自我调控，以及自我认知的校正、自我要求的提升、自我意志的强化等。自我教育既是教育的终极旨归，也是其源头所在，更是它的根本出发点。

自尊是自我教育的动力机制。20世纪70年代初，班上有个男生，是父母中年时所生的独生子，备受溺爱，也让他养成了衣来伸手、饭来张口等不好的行为。尽管我多次明要求、讲道理，可该生依然我行我素。我感觉，用温水式的方式进行教育不能奏效，必须给予他适度的"心理刺激"，于是召开"自己的事情自己做"主题班会，其中有一个环节，将他的一些事情不点名地讲给同学们听，然后让大家发表意见，并一一交流各自在家的表现。这对他触动很大。他羞红了脸，向大家承认了自己的问题，表达了改正的决心。"自尊是自我教育之母"，有了自尊，才能"派生"出源源不断的自我教育动力。此后，他果然发生了较大变化，父母的家教方法也随之渐渐改变。

教师是自我教育的第一推动力。我一贯重视"自育"，这与我个人经历密切相关。我童年失怙，姐妹三人仅靠母亲打零工所得的微薄收入和政府的接济维持生计、读书求学，自小便知"靠天靠地，最终靠自己"的朴素道理，炼就和拥有了初步的自立能力；我未曾有机会读大学，工作中用到的数学专业知识和学科教学知识都是自学而来的；站稳讲台后，没有人要求或逼迫我，我却不断地从普通走向优秀，又从优秀走向卓越，其动力源自个人内心深处。我不时"教育"自己：身份可以普通，境界不能低下，一生勤勉奋斗，始终有所追求。亚里士多德说："通过自制的行为，我们成为自制的人。"同样，通过自育的行为,我成了自育的人,再把金针度与人,经常向学生介绍自育的方法和经验。我以为,教师基于个人自育经历与身教行为才是自我教育的"核(核心)动力",它有力地推动着无数"自育学子"。

培养真正的人是自我教育的终极目标。教师肩负着神圣的育人使命,那么要培育怎样的人呢?毋庸讳言,不少教师交出的答卷不无偏颇或错谬,最典型的问题是,"见分不见人"。坦白讲,我也"看重"学生的分数或成绩,历届学生都有上乘和不俗的表现,但我打心眼里认为,它应是初中三年优质教育的"附加值"或"副产品"。教师应培养"真正的人",而不是钱理群先生所批评的"精致的利己主义者",这才是学校教育和学生自育的终极目标。我不"一俊遮百丑",对于有德行缺陷或心理问题的"优生",不回避问题,而是要求并引导他们把做人、做"好"人摆在学习、成长的第一位;不是"中考完毕,万事大吉",而是在考后对每一届的学生精心组织心理拓展训练、"离校课程"等活动,着意通过这些有一定仪式感的"关键事件"和全班同学一起吹响新征程的号角……所以,许多学生离校多年后还来"问计"于我,或者与我分享他们的事业经历、人生感悟等。在德和智的天平上,我更偏向于前者,也唯有如此,才能促成自我教育,积蓄"可持续学力",培育"大写的人"!

自我教育即主体性教育。让学生真正成为教育教学活动的主体,这知易而行难。清人彭端淑在《为学》一文中说:"为之,则难者亦易;不为,则易者亦难。"敢为、力为与恒为,必定善为、能为和有为。"为"就是自我教育的最大行动哲学。

二、互惠:品格教育就是共同相处的教育

"互惠"源自日本教育学者佐藤学,他指出:"'合作学习'可以称之为'互惠学习'。"好的学习是一种"互惠的学习",即学习应当成为师生之间、生生之间互惠互利,不断分享经验、知识与智慧的过程。奥地利学者布贝尔说:"真正的品格教育就是真正的共同相处的教育。"进一步说,就是"互惠"的教育。"互

惠"使每一个学生"受益",在道德权利与道德义务、利己与利他等之间追求一种平衡,"我为人人,人人为我""主观为自己,客观为他人"等是"互惠"的理想境界,它致力于建构与建设和谐群体,形成并完善"成长共同体"。

"互惠"最多也最普遍地表现在课堂教学的情境里。在"自学·议论·引导"教学法中,自学是基础,议论是枢纽,引导是关键。议论是一种典型的互惠式学习。有疑相议,有难共克,有"亮"(即思维的亮点)互赏,有问同探,相观而善,相商而进,生生之间、师生之间就在"如切如磋,如琢如磨"的议论过程中和研究氛围里,结成自然、亲切、友好、诚挚的关系与情感,它们能迁移、外化和弥散于其他共处、共学的情境中。高德胜教授在《向教学生活要德育》一文中指出,教学也是一种生活,"如果校长、老师都有了向教学生活要德育的意识和行动,那才是生活德育真正兴盛的标志"。在我看来,教学生活是最日常、最普遍的道德生活和德育实践,所有的互惠关系、和谐德行都可以也应该形成于或养成在课堂教学这一特定的"道德场"中。甚至可以说,倘若不能在教学生活这一"主阵地"缔结与发展"互惠"等良善关系、积极情感和向上品德,那也将在其他教育场域无计可施、无所作为。

"互惠"亦形之于学习者自我的心智结构之中,特别是情智或德智关系上,或者说智力活动与道德学习之间。有学者指出,"道德教育应该是内外互化、人己互惠的过程""人己互惠是指人的道德应该使自己和他人在物质和精神方面都有所惠益"。我认为,"人己互惠"更应指向于自身内在的情智或德智关系,它们确实有负相关和相互悖反的情形。智商高而情商、德商低的人在现实生活中并不鲜见,对此,教师要主动干预,积极促进学生正确处理好两者之间的关系,使之朝着协同共进、"两好并一好"的方向发展。在我班,此种意义上的"人己互惠"蔚然成风,成绩好、品德优是大家共同的追求,也是一种核心价值取向。我一贯注重以德成智、以智塑德:一方面,引导学生形成良好的道德人格和意志品质,以此创造优良的学业成绩;另一方面,以优良成绩以及由此而激发的信心、激活的情趣等"反哺"于良好品性、品德的生成与发展。

"互惠"更要体现于通常意义(或狭义)上的德育活动之中。我特别注重以下几点：（1）不仅让学生在具体活动过程中"互惠"，而且让更多的人参与活动的设计、谋划和准备。例如，有很多活动就是我出主意、学生出方案，大家及早进行"头脑风暴"，预先让活动的过程与结果等"观念地存在着"。这是一种相对"高端"、更富意义，也更具价值的"互惠"。（2）尽可能多地为学生创造和提供共同的生活机会与生活空间。"活动多"是我班的一个特点，许多年轻班主任自愧弗如，感叹"老人更比新人新"。例如，我受邀为部队的干部、战士做报告，会趁机提出带学生过军营生活的期望。全新和全真的军营情境对于砥砺学生精神的作用自不待言，更大的收获则在于，数个"一日生活"使学生彼此都全时空、全方位地"打开"自己，展现"立体我"的形象，这于无形中裨补着并不"完整的教育"，也有利于学生更深度的共同成长。（3）利用或创设有所冲突的"道德学习情境"，让学生在相辩、共议中提升辨别能力和理性水平，实现理智的"互惠"。有一次，我左半身被撞骨折，绑着绷带上课，有学生扶我上下楼梯，有学生替我用三角板作图，可也有学生背地里说风凉话。古人云，"一言可以兴邦，一言可以丧邦"。班级就是一个小社会，同样有"舆论导向"问题。于是，我趁机上了一堂班会课，抛出事实，让大家就此自由畅谈各自的看法和观点。我没有给予任何价值预设，而"公道自在人心"，几个说风凉话的同学羞愧地低下头……"大家教育大家，大家帮助大家"，如此"群言堂"正是最佳"互惠场"。

　　"互惠"还可以发生在师师、师长、师生（或生师）以及家长之间。先以师师为例。没有师师的"互惠"，就不可能有师生和生生的"互惠"。很难想象，一个不能凝聚科任教师之志与力，甚至在学生面前毫不掩饰自己对科任教师不满的班主任能促成全班团结，以及同学之间各方面的"互惠"。班主任必须有一定的领导力，其中也包括让科任教师追随配合的力量，而这种领导力在很大程度上又源自"互惠"之心，及其相应的协调工作。再以家长之间为例。我向来重视班级家委会的建立和建设，有许多事情是由他们商量着办的，家长经由"互惠"变得越来越有教育智慧，他们也协助我解决了许多不可绕开的问题，承担了许多必须担当的责任。比如，每带一届学生，我都会组织数次研学旅行，家委会就发挥了很多实际作用,其间家长也成为"同学",形成亲、助、和的"互惠"关系。这种关系必然投射和影响着全班学生。

"互惠必然是建立在彼此差异性存在的基础上,且以这种差异性存在为前提。"基于此,我认为,同质或可"叠加",异质更利"互惠";"叠加"是"算术级增长",而"互惠"有可能呈"几何级增长"。我既重视"同声相应",努力让各种因素和力量拧成一股绳,也追求"异彩纷呈",鼓励学生个性成长和特长发展。陶西平先生说:"大家不同,大家都好。"这理应也是今后班级建设践行"互惠"理念和实现"互惠"理想应有的一种朝向。

三、立范:让"陌己"成为"自己"

"范"在古代文献中多指模子、法则。这里的"立范",主要指为学生或与学生一道树立榜样(楷模),也指建立并遵守法则;用榜样的"无穷力量"去带动学生,也用法则的规制作用去约束或驱动学生。

初中学生大多处于人生的"第二断乳期"。根据埃里克森的人格发展理论,他们正处于自我同一性混乱时期,一方面开始追求独立的思想,另一方面在面对新的社会要求和社会冲突时感到困扰与迷茫。这时,尤有必要"立范",它有着航灯、路标或指南针一样的价值。习近平总书记嘱咐青少年要做到"记住要求,心有榜样,从小做起,接受帮助",这是对榜样价值的充分认可。

德国人舍勒将榜样理解为一种陌己人格。这种人格和学习、追随者的人格之间有一定的差异、间离,是另一种包含有陌生感的存在。在我看来,"立范"的作用就在于缩小差异,弥合间离,努力让"陌己"成为"自己"。

以"民族脊梁"或社会先进人物为榜样。 虽然他们与学生之间还有着较大的距离乃至隔膜,但在特定情境下,也弥散出令学生愿意接受和走近他们的亲切感、吸引力,使学生油然而生"虽不能至,心向往之"的积极情感、正向能量。每一届"感动中国人物"颁奖仪式是学生必看的节目,观看时,学生每每流泪、动情时就是他们的人格迅速拔节的重要时刻;带学生去雨花台烈士纪念碑前举行庄严的入团宣誓仪式,"红色教育"使他们最初难免模糊的角色意识变得清晰起来,作为共青团员的使命感让他们开始思考如何才能无愧于烈士对后来人的殷切期望;疫情期间,我们举行线上大型班会课,致敬平凡而伟大的"逆行者",对话身边"援鄂勇士",很多同学表示,今后走上社会,只要国有所需、民有所求,自己也将向着困难和危机勇往直前……"长大后我就成了你",这是一种美好的愿望,它的价值在于传递力量,促使学生成为更好的自己。

以班主任为榜样。班主任要"敢于"做学生的榜样,"敢于"成为一种优质的德育课程(因为"教师即课程")。"敢于"有两层意思:一是"敢于优秀"。我曾说:"成为优者,是一种能力;敢于优秀,则是一种气概。"不经历风雨,怎能见彩虹,没有人能随随便便"优秀";但只有自身优秀了,才能拥有成为学生榜样的底气和底蕴。二是不必仅是作为"隐性课程"而存在,有时也要敢于在学生面前"亮出自己""立下高标",让他们从"我"身上汲取强大的上进动力。班主任难以全方位成为榜样,但可以努力在多方面做榜样。一项研究表明,新中国成立以来,榜样教育大体经历了四个嬗变阶段,党的十八大以后则趋向于"大国工匠,精益求精"。教师同样要有工匠精神,精湛的教学技艺源于不断钻研,也来自奋斗不息。近几年,遵照习近平总书记的指示,也结合自我的成长体验,我着重在培养奋斗精神上下功夫,多次和学生讲述自身的奋斗故事,讲"幸福是奋斗出来的""人是要有点精神的"等道理与感悟。有些学生学习劲头不足、作业不够认真,我向他们展示自己在历届教学中就相同内容而写的不同备课笔记,让他们体会其中的"变"与"不变",感受老师的奋斗状态和工匠精神,从而自觉远离"佛系青年"的惰性心理和没落意识。有一年暑假,一位酷爱打篮球的男生和他母亲来看我,他发自内心地说:"做作业比打球更过瘾!"母亲说:"孩子深受李老师的影响……"苏霍姆林斯基说:"人只能用人来建树。"舍勒认为,"榜样追随"是人格生成的重要时机。对于这些,我和学生都有切身体会。

以优秀同学为榜样,即"朋辈榜样"。虽然他们和学习者、追随者之间没有较大的"德性位势差",但因为是同龄人,拥有更多的同学和共事机会,因而能经由习见习闻的影响或熏陶作用，使后者发生悄然变化。初三下学期，班上要推选一名省优学生，班长和学习委员同时申报。学习委员的母亲跟我是同事，希望我能把这份荣誉给自己女儿。但班长的优势较大，特别是乐于奉献、勇于担责。鉴于此，我耐心做通同事母女的思想工作，使她们心悦诚服地理解了让班长当选的原因。"把荣誉奖给最优秀的学生"，班长的榜样效应一时更为彰显，学习委员也由此反思自身不足，寻找差距所在，后来亦有显著进步。后来，这两位同学都以优异成绩被名校录取。公平、正气的良好氛围充盈于班集体生活中，这是间接、隐性而又更为强大的榜样效应。

"立范"还指"在规矩之内成方圆"。无论是作为模子，还是作为法则，"范"都有人们必须遵从、不容亵渎与突破的规定性和威严感。学生中难免会有几个"熊孩子"，教师对他们不可听之任之，也不宜有柔无刚，必须适时、适度地动用"范"的刚性力量，乃至用上纪律惩戒的教育手段。比如，一名班干部因虚荣心作祟而屡次作弊，四名同学因为历史老师教学水平低而想办法羞辱老师，甚至咒骂。我向学校申请，给予他们相应处分，使其不至于沿着错误方向继续滑行。有学者认为，我国教育传统中除了有"人文化成"的启蒙思想，也有"为学知止"的敬畏情怀，两者不可偏废。是的，"知止"方可畅行，"规则之内的自由"才是真自由；而"失范"的教育行为实际上也为学生设置和树立了另一种负面的、有蛊惑性的陌己人格，最终有可能使这种"陌己"成为"自己"。对此，班主任要警钟长鸣。"范"，小而言之，是一班之规；大而言之，是国家制度、社会规范和核心价值等。在学校层面，班主任可谓"立范第一责任人"，通过各种途径和策略，引领学生力学而化之，进而"日用而不觉"。这是一种理想的"立范"境界。

人们常说，教育就是"导出"，受教育者总有内蕴的积极因素，只要因势利导，人们就能将这些因素及其力量"导出"。其实，教育也是"立范"，受教育者同样需要外在的榜样去引领、外在的规范去促成，内外结合，相得益彰，学生才能立出"真正的人"的"范儿"。立德树人，"成人"是第一位，让每一位学生都成为有独立存在价值、有尊严感和有"范儿"的"人"，这是教育的底线要求，也是一方需要付出很多努力才能抵达的"彼岸"。班主任任重而道远。

60 余年的"班级育人"之旅，使我收获满满，也感慨良多，最终汇成"自育·互惠·立范"六个字。它是渐渐生成、逐步定型的。一般而言，"自育"是基础，"互惠"是关键，"立范"是旨归：没有"自育"作为前提，"互惠"就缺乏现实根基；"互惠"能为"自育"提供丰富的资源，并提升其品质；"自育""互惠"的目的在于让个体都"成人"，让更多个体能"立范"，具有成为和作为榜样的底蕴。当许多个体有了这样的底蕴，都在某个或某些方面成了其他个体或整个群体的榜样，那么，"班级育人"势必高效优质、生机蓬勃。

当然，正如我的班主任工作历程虽然大致分为四个阶段，但其间很难截然区分一样，这三个词语虽各具特定意涵，但亦有相互交叠和重合之处，可谓"有一则有二，有二能成三"。仅以"自育"和"互惠"为例：只顾及自己，利己之心过重，不与他人"互惠"，也因而失去"互惠"能力的学生，绝不可能成为可持续发展的"自育之人"。所谓"自育"，往往是"互惠"语境中的"自育"，"互惠"也一定是"自育"行为延展下的"互惠"。在一定意义上，这二者是一意两表的。正如苏霍姆林斯基所说："一个人，只有当他把自己的知识、经验、技艺传授给别人时，他才真正在受教育。只有当他在与别人有了道德关系时……他才会开始感受到自己的创造力量和才能。志向就这样产生，自我教育也就是这样在进行。""自我教育开始于一个人对另一个人的关心，开始于从他人身上看到同自己身上一样好的东西的愿望。"也如一首流行歌中所写："爱你就是爱自己。"我们说，"互惠"才能育自己。

"自育""互惠"与"立范"应该是综合融通的。李家成教授说："一旦具有了综合融通的能力，班主任的工作就具有更强的教育性；班主任的领导力将具有更强的战略性；班主任的能量空间也将具有更强的辐射性。"我年事已高，纵有凌云之志，却常感力不从心。我将上述"教育性""战略性"和"辐射性"寄望于更多年轻或年富力强的班主任，也希望更多人在"自育""互惠"与"立范"的德育实践框架内和相互关系中做好"班级育人"工作，写好"立德树人"新篇章。

梁凤英

广东省中山市石岐杨仙逸小学综合实践活动高级教师，广东省名班主任工作室主持人，中山市中小学德育研究与指导中心成员，中山市班主任专业发展研究中心研训基地负责人，中山市名班主任工作室主持人。曾获中山市首届名班主任，中山市师德标兵等称号。致力于班级文化建设的实践与研究。在省内外做班主任专题报告80多场，在《中小学德育》等刊物上发表多篇论文，参与了"家庭教育指导精品丛书"中《教子有方（小学版）》一书的部分编写。

儿童视角：成长引领者的"人师"担当

我从事班主任工作 23 年，与每一个独一无二的孩子都是一场幸福的遇见。面对孩子们成长路上各种各样的问题，我要做一个生命的发现者、引导者和塑造者，站在儿童的立场，帮助他们发现和实现自己生命的美好。

一、立足点——尊重儿童的生命体验

儿子 5 岁那年，是我班主任工作的第 12 个年头。这些年，我凭借着积累的一点经验管理着班级。事实上，许多时候我感觉自己就像打地鼠一样，刚解决完这边的问题，又得处理那边的冲突。我尝试了很多办法，但还是无法突破自己的瓶颈。我很茫然，不知道如何把德育工作更切实地入心、走心、育心、正心，从而正行。

幸运的是，儿子眼中的"宝宝床"带我走出了困境。有一年春节期间，儿子拿回来一个长方形的小木盒得意洋洋地问我："妈妈，你看这像什么？"还没等我看清楚，他就急切地打开了木盒，像要展示他伟大的发明似的。仔细一瞧，里面装了几层白色的东西。我正想脱口而出"像棺材"，突然想到这是过年期间，说这些话不吉利，于是就反问他："你说它像什么？"儿子眨着那双天真的眼睛，笑眯眯地说："它像宝宝床，是我跟姐姐一起做的。"

我想找个机会把那个在他看来是"宝宝床"、在我看来像"棺材"的小木盒悄悄扔掉，可他却爱不释手，到晚上睡觉时还把小木盒放在床头。当我一上床看见那个小木盒时，心里想：怎么把这个"小棺材"放床上了呢？于是，趁着儿子睡着后，我便把小木盒放在茶几上。看着小木盒，我突然陷入了沉思：为什么同样的东西，在我与孩子的眼里却有着天壤之别？在他们眼里，那是生命的摇篮，在我眼里却变成了生命的终结点。成人眼里到底掺杂了多少灰色地带？我庆幸，孩子的心里还是纯净一片，更加庆幸我没有把木盒是"棺材"的想法告诉儿子。我由衷地希望孩子的眼里更多的是阳光，因为这样，他才会更加快乐。也许以孩子的眼光来看待世界，世界真的更加美丽、精彩。

想到这儿，我突然想起一件事：深圳之前发生过校园绑架案，为了让班上的孩子们提高警惕，我通过各种会议给他们做安全教育工作，更以我的眼光与认识告诉他们社会的许多阴暗面。一天下午6点多，一直自己回家的小杰还坐在校园里。我上前询问，才知道他是因为害怕不敢自己回家。我奇怪地问："你家就住在华佗新村，离校5分钟的路程，有什么害怕呢？"想不到他一本正经地回答道："那天，我走在路上，后面有两个年轻人叼着烟就跟在我后面，我觉得他们好像是要用迷烟把我迷倒，然后再绑架我似的。"天啊，那时我只觉得这个孩子有点像惊弓之鸟。但转念一想，孩子之所以对社会有这样的恐惧，难道不是我一直在以一个成年人的思想与价值判断误导他们吗？我的过度引导让孩子们天真无邪的眼中写上了沉重，影响了他们的观察、思维、判断，让他们无所适从，甚至已经扭曲了他们对社会的认知。

我应该让孩子自己去认识世界、了解世界、探索世界。就像一个人走平坦的马路虽然舒服，但偶尔走一下弯曲的小路也别有一番情趣，即使跌倒了也会有一份快乐，至少人生又多了一件可以回忆的事情。孩子的目光是清纯的，他们的世界干净、纯粹。以他们的视角来观察世界，来领略人生百态，也许会充满稚气，但却能回归本真，肯定也会增添许多真、善、美！我突然有了一种被洗礼的感觉，要想德育工作更切实地入心、走心、育心、正心，从而正行，理应尊重孩子的生命体验,尊重他们的认知、观察、思维和判断。

新学期回到学校,我便利用"养成坚持写日记的习惯"这一教学任务,给学生念了我的日记《"棺材"与"宝宝床"》。我想让学生明白,写日记一点也不难,看到的、听到的、想到的都可以成为日记的内容。学生一边听,一边笑,他们似乎在笑他们的老师居然把一个木盒当成棺材,他们似乎在笑……也许他们有着各自想笑的原因。等他们笑完了,我说:"同学们,请记住梁老师的这篇日记,同时,也请你记住,当老师把你们心中认为是'宝宝床'的美好事物看成'棺材'的时候,请你大胆地纠正老师的看法,请你告诉我'老师,在我们心中,这是宝宝床'。老师会尊重你们的意见,更会感谢你让老师看到世界上更阳光的一面。"

不知道学生能否听懂我的话,但我很高兴自己能正视自己的灰暗一面。我会一直珍藏好这个"宝宝床",它将会时常提醒我,站在儿童的立场做教育,尊重儿童作为不完善、有待发展且有可能常犯错的教育主体,恰恰是教育的可贵!教育工作者只有常常以儿童为镜子,反思得失,明晰思路,改进方式,才能更好地实现教育的价值。

二、关注点——激发儿童的情感共鸣

教育最好的方式是学习者将拥有的教育经验提供出来,而我们面临的是要提供哪些特定教育经验从而驱动儿童产生情感共振。确实,学习是通过学生的主动行为而发生的,他学到什么取决于他做了什么,而不是教师做了什么。

一天下午,校运会最后一场比赛——拔河即将开始。下午2点10分,我正准备带孩子们去参加拔河比赛,不知道哪个同学说了一句:"不用想都知道,我们拔河比赛肯定会输。"接着就有许多同学附和:"是啊,梁老师,我们这么多年都没有赢过一场,不是赢得冠军,而是一场都没赢过呢。"我一听,心想:还没比赛,士气就已经输了,怎么办?稍作冷静后,我便笑着对孩子们说:"同学们,这样挺好的呀,以往都输,今天就不用有压力了,输了也是正常的,所以不要有任何的心理负担。梁老师觉得，你们输的原因也许有两个，一是实力确实不如别人，二是自我评定实力不行，所以没有坚持到最后一刻，比赛时早早就放弃，因此输了。但是，我觉得你们今天真的可以赢哦。赢什么呢？赢一种体育精神。今天，只要你们在比赛场上，哪怕自己的实力真的比不上别人，但只要坚持到最后一刻，你们就赢了！这样即使输了也很光彩，梁老师会为你们的坚持感到骄傲的。"

那天比赛后，我很欣慰，也很自豪，因为孩子们用行动告诉我，他们理解并接受了我的这番话。是的，他们不但赢了属于自己的第一场比赛，还获得了拔河比赛的冠军。他们喜极而泣地说："原来真的能超越自我，原来真的可以创造奇迹！"那时，我真的有点自豪，为在比赛前对孩子们做了一次成功的思想动员而自豪。

后来，阅读《课程与教学的基本原理》时，我看到书中的一句话："学习是通过学生的主动行为而发生的；他学到什么取决于他做了什么，而不是教师做了什么。"它一下子把我的思绪拉回了那天的比赛现场。直到这时我才发现，孩子们喜极而泣时之所以会有那样的感悟，并不是因为赛前我说的那番话，而是源自他们的亲身经验。

那天的第一场比赛，我们班对战五（3）班。孩子们上场了，站在绳子的两边，他们紧张地等候着比赛的"哨声"。一旁的我完全可以感受到他们的紧张与忐忑。也许真的有那么一点运气存在，哨声一响，他们一鼓作气，咬牙坚持，真的赢了属于他们独有的第一场拔河比赛！跳啊，叫啊，他们激动地抱在了一起！

第二场对战五（4）班。这场比赛可以说牵动了现场所有师生的心，太振奋了！五（4）班是一个实力强劲的对手，在他们团结一心、想再创佳绩的情况下，我班的优势渐渐失去了——还差3厘米就要输了。但孩子们硬是死死地拽着绳子，身体拼命地往后坠，一点一点地艰难往后拉，一秒、两秒、三秒、四秒……就这样，他们咬着牙，在筋疲力尽的情况下，在全场都为他们捏一把汗的情况下，在那3厘米处坚持了一分多钟，终于反败为胜！也就是这一局过后，他们激动地哭了。我知道那是他们超越了自我的泪水，那里有欣喜的味道，有无法言语的感受！

最后一场，是冠军争夺战，三局两胜，对手是五（2）班，那是上一届拔河比赛的冠军。但此时的他们，斗志明显不一样了。哨声一响，对方没坚持多久就输了，他们赢了第一局。交换场地，马上开始第二局。看得出来，此时的孩子们已经很累了，本以为这局会是一场激烈的拉锯战，没想到的是，对方似乎没有进入状态，孩子们又赢了！也就是在那一刻，他们激动地说："原来真的可以创造奇迹。"

是的，教育的关键是其提供的经验让孩子获得了情感共振，而不是展现在学生面前的东西。这又验证了陶行知先生"活动即教育"的教育思想。假如把这次拔河比赛看作一个教育的场，我充其量是抓住了这次的教育契机，而真正起实质性作用的是学生在那一刻身体力行的学习经验以及利用这次学习经验所获得的满足感。今后，我们要不断地为学生的成长创设一些刺激的情境——能激起教育目标所期望行为的情境，去驱动他们的情感共振。这与"要创新德育的载体"是相通的。师生都在教育的场上不断寻找融会贯通的路径。

悟而能后进，行而能致远。在一个又一个的教育场上感悟着，坚守着初心不断前进，与学生一起追逐着诗和远方，这难道不是老师的学习经验吗？

三、聚焦点——唤醒儿童的成长动力

对于班主任而言，在建班育人的过程中，唤醒儿童的内驱力尤为重要。特别是面对班上有着各种问题但又油盐不进的后进生，唤醒其内驱力便是改变他们不良行为的关键。

要唤醒后进生的内驱力，我们首先要做的是改变自己的思维模式。坐过山车的时候，面对保护我们的那根压杆，许多人总会不放心，把压杆拉下来后又推起，再拉下来，反复几次来确保压杆是固定的，能保证自己的安全。不断地推拉那个拉杆，表面看起来是推，实际上是想把它紧紧地摁在自己的身上。后进生往往也如此，他们总会不断地犯错，不断地挑战着老师的耐性。事实上，这不仅仅是他们成长过程中自我完善的过程，更有可能的是他们在用犯错的方式不断地试探教师，以此来获得他自己都无法解释的内心需求——爱与尊重。

班上的小武同学患有多动症，是全校"闻名"的后进生。父母在他3岁时离婚了，小武跟着奶奶和爸爸生活。爸爸长期不在家，他由70多岁的奶奶带着。小武犯错时，爸爸从来不会和风细雨地管教，劈头盖脸就是一顿毒打。奶奶为了弥补他，只好毫无底线地溺爱。他经常惹事，动不动就打人，只要他看不顺眼就动手，因此班上的同学都不喜欢他，见到他就躲。校内不省心，校外惹事的"本领"也层出不穷：他会拿起路边的水管向邻居家里喷水，周末到超市偷东西……

面对小武层出不穷的问题，我要做的是成为一个"非焦虑存在"的角色，即当我出现的时候，他就能够感到安心，拥有安全感。所以，面对小武的不断犯错，即便我的内心已愤怒不已，但我依然保持平静，因为平静是可以"传染"的。我要冷静地分析他行为背后的需求是什么。理性告诉我，严重缺乏安全感的他在不断地试探我是否对他有足够的包容与关爱。所以，我每天都会与他聊聊天。教他的两年里，我同意他的特别要求——每天与他通一个电话。我送他书，要求他看完后给我讲一个故事，目的是督促他进行课外阅读。后来，他在电话里给我讲"小马过河""小猫过河""小狗过河"……反正天天就是过河。于是，我问："你打算什么时候给我讲小武过河？"他咯咯咯地笑了。我第一次发现他拥有了属于孩子天真、烂漫的笑容。渐渐地，他开始接纳我，懂得了服从。

唤醒后进生的内驱力，最重要的是帮助他们找到自控力。研究表明，自控力的强弱与前额皮质是否得到足够的发展相关。这个发展来自外人给他足够的选择空间，让他有掌控感。

考虑到小武有多动症的特殊情况，我决定在丰富多彩的游戏中培养他的规则意识，让他在游戏的过程中学会自我约束、学会选择、学会尊重同伴。于是，每天大课间的操场上，我带着他与班上的同学玩游戏：老鹰抓小鸡、木头人、萝卜蹲、网大鱼、丢手绢……在游戏中，我会适时地引导他怎样遵守游戏规则才能融入集体，与同学发生矛盾该怎么解决。慢慢地，他不仅能自觉地遵守游戏规则，还懂得了控制情绪，懂得了礼让。我问他："是打同学快乐，与同学闹矛盾快乐，还是与同学一起玩游戏快乐？"他冲口而出："当然是游戏！"后来，我又引导他创新了一些传统游戏来吸引同伴与他一起玩耍。事实上，孩子总是最纯真的，游戏中的他们完全放下了之前与小武相处时的不愉快。小武也非常耐心地为同学们讲解着新游戏的规则。在游戏获得掌控感的全新体验里，小武找到了被需要的存在感……

唤醒儿童的内驱力，最关键还要帮助儿童进入"心流状态"。在"心流状态"下，人的大脑会分泌大量的多巴胺，会愿意为某事而坚持，自驱力也就会提高。心理学上把这种现象称为"瓦拉赫效应"。瓦拉赫效应告诉我们，一个人一旦找到自己智能的最佳点，使智能潜力得到充分发挥，便可取得惊人的成就。

在瓦拉赫效应的影响下，我帮助小武找到了他喜欢又擅长的事情——烹饪。他奶奶告诉我，只要在厨房，小武便是快乐的、自信的！后来，小武初中毕业后没能考上高中，他选择去中职学校就读，还坚定地选择了学习厨艺。我们依然会不定时地通电话，聊聊各自的生活。他说要教我做菜，我笑着说："好啊，在做菜上，你绝对是我的老师。"后来，小武真的成了一名厨师。

在我们的教育生涯里，不可能每个孩子都能成为学习中的佼佼者，都能在学习中获得满足感，都能成为社会的精英。像小武这样的学生会有很多，我们要做的就是帮助他唤醒自我成长的内驱力，让他们阳光、自信地生活，成为理想中的自己。这何尝不是教育工作者最大的满足？

四、着眼点——促进儿童的终身发展

爱因斯坦说："所谓教育，就是一个人把在学校所学全部忘光后剩下的东西。"除了所学习的内容，我们留给孩子最有价值的是什么呢？我想，应该是教会孩子学会批判性思维，拥有独立思考的能力，不人云亦云，不跟随惯性和大脑中的冲动去做决定、发表自己的议论。只有更多的人拥有了独立思考的能力，整个社会才能够变得更加成熟、安定，教育才能发挥最大的价值。

对于儿童而言，怎样培养他们的批判性思维，让他们拥有独立思考的习惯与能力呢？我认为首先要做的是拓宽育人的空间，让孩子参与社会实践，在社会中用自己的眼睛观察生活，用自己的心灵感受生活，用自己的方式去思考、判断、研究生活。

2017年，我刚接手一个五年级的班级，在对班情和生情进行了分析后，为了更系统地进行班级文化建设，我给班级做了两年的发展规划。结果开学不到三个月，我制定的规划就被打破了。

一天班会课上，我与孩子们畅谈"理想"的话题，并满怀期待地等着孩子们发言。

"梁老师，我想当一名网红，工作不累，赚钱还快。""梁老师，我想当明星，因为出场费高。""我想当老板，挣很多的钱。"……顿时，班上热闹了起来，孩子们七嘴八舌地说着，我的心却一下子凉了下来：喜欢挣钱没有错，但要是孩子们的眼里只剩下钱，这将是多么可悲的事情啊！这种只想挣钱、挣快钱的现象在班级里是个别现象还是普遍存在？于是，冷静下来后，我让孩子们在纸上写自己理想的职业是什么，并写出理由。结果让我大吃一惊，班上居然有差不多一半的孩子写自己想当网红、当明星、当老板……理由却仅仅是因为可以挣很多钱。

该以怎样的方式对孩子们进行正确的价值引领，让他们树立正确的价值观呢？思考良久，我决定整合班级资源，让孩子们拥有一次独特的职业体验。我给小宇妈妈打电话，表示想带孩子们去她公司开展半天的职业体验。她妈妈一口就答应了。

我相信，有效教育应该是对一个人健全的教育与延续性的教育。一次主题教育活动过程并不意味着教育目标就能实现，必须通过多次教育活动的循环更替方可实现。于是，在整个职业体验活动中，我设计了七个阶段。

第一阶段：让学生了解父母的工作性质。

第二阶段：家长进课堂，介绍"我的职业"。

第三阶段：组织学生设计"优秀员工评价标准"。

第四阶段：邀请各岗位负责人为孩子们开展"岗前培训"。

第五阶段：开展半天的职业体验活动。

第六阶段：写好个人职业体验的体会。

第七阶段：各小组对前期的活动进行回顾与总结汇报。

学期后半阶段，孩子们终于迎来了期待已久的半天职业体验，他们满心认为，那将会是一次兴奋又刺激的体验。可事实却与想象的相差甚远：每个部门的工作既耗体力，又耗脑力，离他们理想中的工作状态差远了。我一个部门一个部门地巡视着。当我走到农场部的时候，老远就看到小俊蹲在地上哭，边哭边说："我不要去，那里太臭了，还要挑粪，我不要。"走到门卫处时，小阳一边擦汗，一边抱怨说："老师，我太累了。我以为做保安最简单，只要站着就行，原来不是，不仅要登记好进出人员、检查来往车辆，还要定时分批到厂区各个地方巡视。"我给他做了一个加油的姿势，鼓励他坚持。走到车间时，我忍不住问正在拿着尺子低头测量的同学："是不是觉得特别有意思？"小琳说："老师，你别影响我们，我们负责测量，一件衣服要量好几个地方，还要量得特别准才行，不然就成废品了。哎呀，刚才的数据我又忘记了……"

就这样，孩子们在忙碌且紧张中度过了一个难忘的下午。回到学校后，我们围绕职业体验活动开展了"职业是否有贵贱之分"的专题讨论。我惊喜地发现，孩子们的认知在一个学期的系列主题活动中潜移默化地改变了。他们都认为职业是不分贵贱的，一个国家的发展，必须有各行各业的人为之奉献，为之奋斗；一个人的工作不单单只为了钱，还有比钱更有价值、更有意义的事情，如为社会奉献、为他人服务等；任何事情都不可能不劳而获，想要获得更好的工作、更好的成就，那从现在开始就要好好学习，让自己有选择的权利。

在丰富多彩的活动中去体验、思考、感悟、明理，这样的唤醒不就是最好的教育吗？

在大数据时代，让学生学会分析数据、学会用数据说话也是提升他们独立思考能力的有效途径。我们以丰富多彩的综合实践活动为载体，带领学生一起开展了"在综合实践活动中促进学生数据分析能力发展"的小课题研究。

首先，巧设问题情境，培养学生数据分析的意识。在生活中，当学生碰到问题时能想到去调查、用数据说话，他就初步具备了数据分析的意识。那么，怎样让他们认识到数据分析的重要性呢？我创设了一些与他们的生活息息相关的问题情境。比如，各年级同学的近视情况调查，班级同学的身高、体重调查，同学们的课外兴趣调查等，让学生积极参与，在接触多种情境问题时慢慢形成数据分析的意识，而不是盲目地相信权威。

其次，班主任要有学科融合的意识，帮助学生掌握正确的数据分析方法，激发他们对数据分析的兴趣，增强他们利用数据分析问题的自信心。小学高年级的学生，由于数学学习活动中已经有如何进行统计及制作统计图的教学环节，所以，我将数学知识融入进来，在学生原有的学习基础上再加强巩固，让他们很好地掌握了数据分析的方法，既省时又省力。

对儿童而言，他们对如何利用数据进行理性分析还比较陌生，表现出来的往往是把推理的东西当证据，不顾数据呈现的事实而胡编乱造。这一方面源于学生利用数据分析的意识淡薄，另一方面是因为他们还没有掌握一定的数据分析的方法和规律，所以面对数据会无所适从，只能盲目地推理。所以，我在指导时侧重于如何进行数据分析，慢慢地让学生掌握了数据分析中包含的三方面内容，即看到的事实、发现的问题、提出的建议，然后让学生利用数据统计进行分析练习，不断巩固数据分析的学习效果。

观念的建立是人们不断地通过亲身经历而获得的。要使学生逐步发展数据分析的意识，具有批判性的思维，最有效的方法就是让他们真正体验统计活动的全过程：调查研究、收集数据、整理数据、分析数据、获取信息、做出决策、进行交流、评价与改进。在小课题的研究中，我从学生的学习实际出发，让学生认识到数据分析不仅让我们发现问题，帮助我们独立思考、判断，还有助于我们解决问题。

当时，学生漏题的现象也很严重。为了让他们意识到学习习惯对提高学习成绩的重要性，我组织全班对第一单元语文试卷进行漏题的统计分析。通过调查统计，全班有13人漏题，约占班级总人数的27%，漏题总分共63分，平均每人1.3分，其中漏题最多的同学有9分。我又组织学生围绕数据进行讨论：从数据中你获得了哪些信息？你有什么想法？学生根据数据进行分析，经过思考并进行判断与预测。他们发现，漏题现象是非常不好的学习习惯，要想提高成绩，首先要端正态度，要认真对待平时的作业，养成严谨、认真的习惯是提高学习成绩的关键。为了确保数据分析后所给出的解决问题的方法有效果，我又组织学生对第二单元的漏题现象进行统计分析。结果发现，漏题人数从13人减少到6人，漏题总分从63分减少到14分，漏题最多的同学从9分减少到了4分，各项数据都大大降低了。显然，数据分析对学生所起到的作用是立竿见影的，从而进一步让学生建立起运用数据统计知识来解决一些实际问题的观念。

　　学生能经历真实数据统计分析的全过程，在分析中去思考、判断、自我完善。数据分析的观念还会潜移默化地融入他们的生活中。他们自主地围绕自己感兴趣的问题进行研究，比如，对"如何减少灰尘""'互联网+'对购物的影响""'双减'政策背景下对小学生学习生活的影响""追星对小学生学习生活的影响"等展开调查，并通过数据统计分析完成了调查报告。看到学生对参与收集、整理、分析数据过程的感言，我体会到了他们在自我发现与判断的过程中获得的满足感。学生在参与调查的过程中是否得到科学的结论并不是最关键的，让他们经历尊重数据和事实的过程，并在这个过程中学会思辨，学会独立思考，才是促进他们终身发展的关键。

　　作为班主任，我坚信好的教育应该是从孩子的立场去唤醒，是让孩子的内心充满生命力，产生渴望做事的动力，产生让自己变得更完美、更强大的愿景。我希望我们的教育能让孩子的情感变得更丰富，理智变得更健全，内心变得更柔软、温暖、慈悲。

刘云霞

天津市静海区瀛海学校语文教师,全国优秀班主任,全国班集体建设先进个人,天津市优秀教师,天津市优秀思想政治工作者。全国班主任论坛大赛一等奖获得者、全国中小学首届班主任和谐育人专业能力大赛初中组第一名。长期致力于班集体建设研究,2014年提炼出自己的班级教育操作系统。数十篇论文、教育案例、教育故事获国家级奖励并发表。出版著作《我的班级教育操作系统》。

我的班级教育操作系统是这样诞生的

我是一名普通的语文教师,从事班主任工作26年。很长一段时间,我认为教育科研是专家们从事的理论研究工作,与一线教师有很大的距离。2014年6月,经过六年的实验研究,我提炼出了自己的班级教育操作系统,出版了《我的班级教育操作系统》一书,深刻感受到一线教师也能在教育研究上出成果。2014年10月16日,中国教育学会班主任专业委员会在江苏扬州成立。在大会上,会议组给了我20分钟的时间,让我汇报自己提炼班级教育操作系统的过程。对我的汇报产生最大共鸣的是一线的班主任,我想,自己最能打动他们的就是接地气的研究方法与实践成果。

一、我与班级教育操作系统的渊源

我是从什么时候开始研究班级教育操作系统的呢?说起来,我与班级教育操作系统有很深的渊源。我第一次接触班级教育操作系统这个概念是在2004年。当时我参加了天津市静海区举办的全国班主任专业化高级论坛,论坛的主题是"精神关怀是班主任专业劳动的核心内容"。在准备参赛的过程中,我读到了班华教授刊登在《人民日报》上的文章,知道了"精神关怀"和"班级教育操作系统"。当时我把所有的注意力都放在了"精神关怀"上，对"班级教育操作系统"只是简单了解了一下。

2007年11月，我参加了第十六届全国班集体建设理论研讨会。那次大会让我对班级教育操作系统产生了浓厚的兴趣，也产生了要实践研究的想法。于是，我开始学习一些班级教育操作系统的知识。

2008年1月，唐云增老师来到我所在的学校——天津市静海区瀛海学校，给全校班主任讲班级教育操作系统的知识。会议最后，唐老师高声说："我现在招聘攻克班主任班级教育操作系统难题的'志愿者'，谁愿意来？"唐老师讲的班级教育操作系统的知识深深吸引了我，他的激情感染了我，我猛地站起来，高高举起手，大声说："我愿意！"唐老师把我请到主席台，先是赞扬了我的勇敢，接着向我提问了几个班集体建设和班级教育操作系统方面的问题。当着全校几十名班主任和校领导的面，我被问得张口结舌。自以为学习了不少、实践了不少，这时才发现了自己的肤浅，我产生了更加强烈的研究班级教育操作系统的愿望。唐老师也许看出了我的愿望与困顿，会后告诉我第二天想和我进行更深入的交谈。

第二天，我和唐老师整整交谈了一上午。他的班级教育操作系统知识如醍醐灌顶般警醒了我，他的敬业精神和人格魅力更加征服了我，我感觉心潮澎湃、激情四射，下决心一定要认真研究班级教育操作系统。唐老师告诉我：先不要想什么系统，扎扎实实地带好自己的班级，把班集体建设成优秀班集体，把学生培养成优秀合格的人，每天做好自己班级工作的实录，几年以后就会提炼出自己的操作系统了。有了唐老师的指导与鼓励，我明确了研究方向，信心也更足了。就这样，我开始了真正的班级教育操作系统的研究。那天晚上，我写的第一篇班主任工作日志就是《下周一，我要当班主任啦》。虽然那时的我已经做了16年的班主任，但觉得自那天开始我才真正是一个目标明确的班主任，才真正踏上班集体建设研究之路。

2008年5月，我带着自己的班级教育操作系统的初步研究成果参加了在浙江台州举办的"全国班级教育操作系统研究高级研修班"，在会上介绍了自己实践研究的情况。同会发言的有徐道钟、赵和春、方海东和周秀英四位老师，他们也是唐老师"招聘"来的。那天午餐时，我端着餐盘找到唐老师，想请他就我的发言再做些更细致的指导。只见唐老师面色凝重地思考了一会儿，很严肃地问我："你在大会上讲的那些东西都是你自己实实在在做的吗？"我的心猛地一沉，心想：糟了，为了让这次发言精彩些，我把许多设想的但没有做的东西放了进去，还有一些是别人做的被我借鉴了，没想到被唐老师看出来了。我支吾着说："有一部分是我没做过的，可是只写自己做的内容太少了，深度也不够，我的发言就不精彩了。"唐老师有些着急了，说："假的，再精彩也是假的，自己从实践中总结出来的才是真的，才是你自己的，没有通过实践研究的东西是没有价值的，是假的，像你这样带头搞科研的人都弄虚作假，全国班主任怎么办？中国的教育怎么办？"我从没见过唐老师发这么大的脾气，这么严厉地批评人。我既羞愧又委屈，极力想忍住自己的泪水，终还是没忍住。唐老师见我哭了，给我讲了刘伯承元帅"慈不掌兵"的故事，希望我能理解他对我的严格要求。最后，他语重心长地说："我们做科学研究，一是要勇敢，不怕艰难困苦；二是要严格严谨，实事求是，来不得半点马虎。"他指出我报告中有虚假的东西，即便只是一点，也不是实事求是，会影响科研的真实性和科学性，后果会很严重。我理解了唐老师的严厉，也体会到了他的良苦用心，知道了自己错误的严重性。从那以后，我更加踏踏实实地做工作，真真实实地做记录，认认真真地做总结，不急功近利，不追求虚假繁荣，宁愿要有瑕疵的真东西，也不要完美好看的假东西。

经过半年多的实践研究，2008年11月，我再次带着自己实践研究的阶段性成果，参加了在河南郑州举办的第十七届全国班集体建设理论研讨会。我的研究成果获得了与会专家的认可。那天晚上，我抱着自己记录的厚厚的研究资料找到唐老师，请他检查我的"作业"。唐老师翻看着我的"作业"，露出了满意的微笑……

河南郑州的会议是让我继续研究班级教育操作系统的"强心剂"。

2012年4月，我参加了在浙江金华武义县举办的全国班集体建设经验交流会。会上，我介绍了自己"士气班"的班集体建设经验。2012年10月，在山东济南举办的"泉城青年班主任论坛"上，我做了一个小时的汇报，主要内容是自己的班级教育操作系统的研究与实践。

从2008年1月到2014年3月，我对班级教育操作系统进行实践研究已有六年，记录了将近200万字的班主任工作日志。我所带的"士气班"也成为一张"名片"。2014年3月，唐老师再次来到静海区深入学校实践考察，详细了解了我的研究情况，鼓励我完整提炼出自己的班级教育操作系统，写一本有关"我的班级教育操作系统"的书。面对我的不自信和畏难情绪，唐老师鼓励我："大胆写出来，你经过六年的实验，积累了那么多的资料数据，有发言权了。你写出这样一本书，是对全国班主任的巨大贡献，即便有不足甚至是错误，写出来请大家指导批评不也是促进你的成长吗？有困难可以随时找我！"唐老师的鼓励给了我勇气。有这样的专家做后盾，我决定把书写出来。唐老师在静海区的那几天，我每天都去向他请教，请他为我解惑、导航。最晚的一次我们交谈到夜里2点多，直到与我同去的静海区教育局德育科薛洪彬科长提醒时间太晚了，我们才结束意犹未尽的交流。就这样，在唐老师的指导下，在静海区教育局、瀛海学校领导的支持下，我用了两个多月的时间，从将近200万字的班主任工作日志中提炼出自己的班级教育操作系统，形成了《我的班级教育操作系统》一书，由天津教育出版社出版。

二、什么是班级教育操作系统

在介绍班级教育操作系统之前，我想先说说班主任专业化。正是有了班主任专业化的提出，才有了班级教育操作系统概念的提出。

2002年10月，首都师范大学的王海燕副教授提出了"班主任专业化"的问题。"班主任专业化"这一概念可以说是中国首创。什么是班主任专业化？唐云增老师这样说：班主任专业化是班主任通过学习、实践、反思、研究，通过培训和自我培训，把自己的素质提高到专业水平的过程。白宏太在《人民教育》

上发文称班主任专业化"是我国班主任教育的方向",他是在媒体上赞扬"班主任专业化"的第一人。他还指出:"班主任专业化一定要研究班级教育本质属性。"南京师范大学的班华教授提出班主任的本质属性至少包括两条:一是班主任是学生的精神关怀者;二是班主任班级教育特殊的操作系统的客观存在。班华教授这样定义班级教育操作系统:班级教育操作系统是旨在促进学生发展的教育体系,是以班主任为主导,由相互联系的班级教育目标、班级教学、班级学生集体、班级活动、班级文化、班级管理、班级教育合力、学生发展性评价等子系统有机构成的班级教育整体。每个子系统都是班级教育系统整体的一个维度、一个侧面,具有自己特有的教育功能。除班级教学外,其他子系统的运作和教育功能的发挥都是班主任的特殊操作系统。

为什么把以上子系统(除班级教学外)的运作和教育功能的发挥称为班主任的特殊操作系统?这是相对于一般教师而言的。一般的任课教师实施教育的主要操作系统是课堂教学以及与该学科相关的课外活动,以上各子系统(除班级教学外)的运作工作,他们可以参与,也可以不参与。但对班主任来说,不但要积极参与,而且要全身心地投入,这是其工作的重要内容,不是"副业",因此称其为班主任的特殊操作系统。

三、研究和掌握班级教育操作系统的意义

从教育的发展看,这是班主任专业化的要求。南京师范大学教科院班主任研究中心王宁副主任说:"凭感觉、凭悟性是班主任工作低水平运作的重要原因。对于班主任(尤其是新班主任),最重要的是知道怎样做。班主任专业化的过程,就是一个由稚嫩走向成熟,由不知怎么做,到会做、善做的过程。"要推进班主任专业化的发展,就必须让班主任牢牢掌握班主任专业本质属性,即掌握班主任的班级教育操作系统。不掌握本质属性,就没有真正的专业化。

从实践的角度看,这是提高班主任专业素质的需要。能否建设优秀班集体,已成为衡量班主任专业素质高低的重要内容。班主任特殊的操作系统,是班集

体建设个性化的集中体现。班主任工作千头万绪，错综繁杂。我们不能终日忙忙碌碌、疲惫不堪，却不去认真思考如何做好这些工作。我们应该成为智慧的班主任，应当清楚地把握自己的工作重点，懂得该做些什么，以及何时、何地、怎么做。这就需要反思总结自己的工作，提炼出有自己特色的班级教育操作系统。其实，每个班主任都具有自己独特的带班方式和操作方法，经过回顾—反思—研究—总结—提炼，并通过实践验证，便可形成系统，在工作时有的放矢地按照自己的操作系统开展工作，便于自己班建水平和专业素质的提高。同时，同行间实现资源共享，众多班主任将自己成功的带班经验拿出来，彼此互相学习、互相借鉴，共同提高。班集体建设的普遍规律与班主任工作特色的有机融合，就使得班主任工作有更多的规律可循、更多的捷径可走，收到事半功倍的效果，必将让班集体充满活力，定会把班集体建设引向深入。

研究班级教育操作系统，是一条无人走的道路，是一条不断探索的道路，也是一条失败和成功交错的道路，更是一条焦虑和喜悦交织的道路。在我国探索班主任专业化发展的关键时刻，在能否将班主任的班级教育操作系统从理想转化为现实的困难时刻，在需要有人自愿为探寻班级教育操作系统去踏踏实实地献出汗水和智慧的重要时刻，我主动参与了实践研究，觉得自己肩负着重要责任和使命。

四、如何提炼自己的班级教育操作系统

回顾六年的研究，我的班级教育操作系统的形成主要有以下几个环节。

（一）带好班，建设优秀班集体

这是研究班级教育操作系统的基础。每个班主任其实都有属于自己的操作系统：有的班主任带的班好，是因为他的操作系统是好的；有的班主任带的班一般，是他的失败的、不科学的操作系统所致。一个优秀班集体不会随着时间的推移自然而然地形成，更不可能由无到有自发产生，只有在班主任智慧和创

造性的劳动引领下，通过班集体成员的共同努力，才能得以建设。只有优秀的班集体，才会孕育出正能量、有积极意义和推广价值的操作系统，因此带好班是研究班级教育操作系统的关键。如果班主任连一个班都带不好，其提炼出的操作系统也是失败的，是不能推广的。

我带的每一届都叫"士气班"，"士气高昂"也成了我所带的每届班级的特点。我带的班，班风正、情感浓、凝聚力强、健康向上、成绩优异，每年都被学校评为三好班集体；我们放弃了竞争县级、市级三好班集体的机会，将荣誉和机会让给兄弟班，目的是把"士气班"打造成"无冕之王"。这些优秀的班集体，是我提炼班级教育操作系统的基石。

（二）认真记录自己的教育历程

唐云增老师说："班主任班级教育操作系统是融化在班级教育过程之中的。这个过程如果不能真实、整体、持久地把班级教育这片'星空'记载下来，就过去了，就无影无踪了。"因此，记录班主任工作日志对研究自己的操作系统很重要。班主任工作日志，就是把班级教育操作系统的轨迹留下来，一个班是一个点，一天天的事情是线，线带点的运动就是班级教育操作系统的痕迹。有了痕迹，就有了研究的依据。

从2008年1月开始，我每天都会记录班主任工作日志，记录自己的工作情况，记录班主任工作的所做、所想，记录班级里每天发生的事情，以及我对学生个体和集体教育的得失与成败、总结与反思。六年来，我记录了将近200万字的工作日志。这些就是我研究班级教育操作系统的依据。

（三）找出班集体成长的因素

找因素是我在提炼班级教育操作系统时遇到的最大困惑。我建成了优秀的班集体，真实记录了班集体的发展历程和自己的教育方法与心得体会。六年多，将近200万字的记录，我的班级教育操作系统就蕴含其中，可是具体因素到底在哪里呢？我焦急且迷茫，甚至是痛苦。

从 2008 年开始研究班级教育操作系统时,我就定位为要建设"士气班",因此,后来满脑子都是"士气"。2014 年 2 月,唐老师在指导我寻找班集体成长因素的时候,告诉我一定要跳出"士气"的圈子,因为"士气"只是我操作系统的特点,并不是我的操作系统,我真正的操作系统隐含在那将近 200 万字的工作日志中。我只有找出推动班集体发展的"因素",才能最后形成自己的操作系统。我做的很多活动是激发学生和班集体士气的,是大家都看得见的,唐老师要我一定找出大家看不到的东西,整理出来展现给大家。见我总是钻在"士气"里出不来,唐老师和我一起寻找我的教育因素。他让我打开工作日志,随便翻开一页读出声来。我随便翻开一页放声读:"今天考试成绩全部出来了,我们班这次考得很不好,我觉得这是因为考前自己做的工作不到位,没有引起学生高度的重视,也没有进行方法的指导,因为这毕竟是第一次考外校老师出的试卷……"读完后,唐老师问我这是一件什么事,我说是班级没有考好,自己分析原因。唐老师说:"这就是你的一个教育因素,你自己给这件事起个题目吧。"我说叫"考试失败的反思",唐老师赞同。我又接着翻开一页来读,每读完一篇,他就叫我用一个题目概括,于是有了"为学生打开心结""用爱惩罚你""我和学生闹元旦"等题目。唐老师告诉我这就是我的教育因素。我看着这些题目,它们没有一个与"士气"沾边,这时我才恍然大悟,终于明白了什么是教育因素——教育因素就是自己在班级教育中的那些教育意识、教育影响、教育话语、教育观点、教育思考、教育任务、教育实践、教育感受、教育力量、情感表达、成功与失败的反思等,也知道了如何找出自己的教育因素。就这样,我用了十几个昼夜的时间,从工作日志中找到了 688 个教育因素,后来在复查时,发现有的因素是重复的,有的不是教育因素,经过删减,最后剩下 530 个教育因素。这 530 个因素就是班集体发展的"营养",很多是别人看不见的东西。

(四)归纳班级成长的要素

530 个教育因素找出来后,我发现它们是无序且零散的。接下来,我需要把这些因素进行整合，把共同性质、相同类型的因素整合在一起，就形成了有代表意义的"要素"，我把这种方法称为"合并同类项"。530个教育因素都有自己的编号，我就从第一个因素开始，把相同类型因素的编号写在一组，最后发现，有的是几十个因素为一组，有的是上百个因素为一组，有的是十几个因素为一组，还有一些因为无法归到任何一类中，被我舍掉了，从而形成了七个大组。我再根据每组因素的特点，分别用一个概念概括每一组的内容，便出现了"班主任人格魅力""班主任教育观念""整合教育资源""活动建设'士气班'集体""班级教育目的""评价""反思"七个小标题。这七个要素总结出来以后，我感觉似曾相识，经过仔细推敲和对比，发现和唐老师帮李镇西老师提炼的操作系统的八个要素雷同，也和班华教授给班级教育操作系统定义的七个子系统接近。我有些犹豫了：自己按照这样的要素写出来的操作系统会不会被误认为是抄袭呢？我和唐老师进行了沟通，跟他说了我的发现和困惑。唐老师告诉我：班级教育操作系统的本质属性是一样的，所以我找出来的要素和李镇西老师的相似不足为奇，虽然本质属性一样，但是操作系统不一样，不用担心别人说自己抄袭，就如同梨和苹果，不能梨被叫为水果就不允许苹果也叫水果了，它们都是水果，但梨还是梨，苹果依旧是苹果，"水果"是它们共同的特征，是它们的本质属性。听完后，我恍然大悟，原来我和李镇西老师的操作系统都是"水果"，李老师的是"梨"，我大胆写出自己的"苹果"就是了。此时，我彻底明白了"本质属性"。我把七个要素找出来后，方向明确了，信心也更加坚定了。

（五）把要素科学联系起来形成系统

几个班级教育要素摆在面前，如何形成操作系统呢？我再次陷入迷茫中。这几个要素之间是什么关系？哪个更重要一些？为此，我想到了人体的消化系统。人的几个消化器官组成了消化系统，各器官虽各自有分工，但都是在同时运动完成消化和营养吸收的。我认为班级教育操作系统亦如此，每个子系统虽各自独立，但都是在班集体建设和学生成长过程中同时起作用的。与消化系统不同的是，班级教育操作系统的几个要素没有明显的先后顺序，但消化系统的各器官"工作"时会有，即食物先通过口腔完成咀嚼和吞咽，再经过食管进入胃，最后进入肠道被分解、吸收。班级教育操作系统的各要素是同时开展工作的，只不过根据教育对象和班情，有的操作要素在"某时某事"上作用比较突出。因此，从整体宏观上看，每个操作要素无法分出轻重和彼此。这些操作要素，就像人的消化器官共同为人提供营养一样，它们也在共同为班级教育目的和班集体的发展提供"营养"，这本身就是一个自然的系统。

在我的班级教育操作系统中，"班主任人格魅力"是核心，"班级教育目的"是方向，"班主任教育观念"是保障，"活动建设'士气班'集体"是重点，"整合教育资源"是策略，"评价"与"反思"是推动力。它们互相作用、彼此融合。比如，有了高尚人格魅力的班主任，才会树立正确的班级教育目的，才会有正确科学的教育观念，才会倾心设计和参与班级活动，才会有能力整合校内外的教育资源，才会不断自我评价与反思，从而实现整个操作系统的顺利运转。再如，"反思"与其他几个要素之间的关系：能反思且善于反思是班主任高尚人格的体现，反思教育目的是否实现，能否推动目标的落实和达成，反思自己的教育观念是否会促进自我的提升，反思活动建设能否推动班集体不断发展，反思教育资源整合妥当与否会更有利于"借力"，反思评价是否得当会促进自己提高。每个要素都渗透和促进其他要素，每个要素不再是单一的，而是一个整体，这时候就是一个完整的班级教育操作系统了。

（六）形成自己的个性，有自己的特点

拥有自己的班级教育操作系统，需要班主任认识自己，扬长避短。班主任操作系统的确立不是随意的，它应该是班主任工作特长、优势的集中体现。操作系统只有彰显班主任的优势特长，才能最大限度地发挥其功能。比如，只有热爱读书、热爱写作、善于言谈的班主任，才有可能拥有"打造书香班级"的操作系统。一个情感内向、不善于言语表达、不好动、没有激情的班主任，是无法运用"利用活动引领学生成长"的操作系统的。

拥有自己的班级教育操作系统，需要班主任找准切入点。班主任的特殊操

作系统是班主任突出的工作特色，也可以说是工作的切入点。切入点的选择不应过大、过空，应抓住某一方面开展工作，切忌面面俱到。这个切入点要有"牵一发而动全身"的作用，要能牵动整个班集体建设的全局。我的班级教育操作系统是以建设"士气"为核心，"士气"是班集体建设工作的切入点，是核心，但鼓舞士气不是最终的目标，最终目的是育人，是带动班集体的全面发展，实现班级教育目的。这就好比一个灯笼，"士气"是它的灯芯，点亮"士气"这个灯芯的目的和结果是照亮班集体这个灯笼，而不只是为了欣赏灯芯的光芒。

就这样，经过以上环节，我提炼出了自己的班级教育操作系统，边提炼边艰苦写作，最终以文字形式将班级教育操作系统呈现出来。这套操作系统肯定还不完善，还有不足之处，我也是边工作边改进。

最后，班主任拥有自己的班级教育操作系统，需要班主任具有持之以恒的探索精神。班级教育操作系统不是一朝一夕间便可形成，它是一个长期实践研究的过程，是在长期的教育实践中逐步形成的工作特色和方法。班级教育操作系统一经提炼生成，应成为班主任工作的指南针，在实施中的变动只是一些补充和完善，坚决不能今天一个系统、明天一个系统。

秦 望

河南省济源第一中学教科室主任，8+1班主任工作室发起人，全国名班主任工作室联盟班主任工作室研究中心主任，河南省中小学班主任研究中心特聘专家，河南省教育学会德育创新专委会副秘书长、济源市中小学班主任研究中心秘书长，河南班主任智慧书院导师。《中国教育报》2022年度全国推动读书十大人物，《教育时报》河南教育年度新闻人物，全国近百所学校（区域）班主任工作室的学术指导老师。获河南省教师教育专家、"出彩河南人"2023最美教师、河南省首届十佳班主任、河南省首届最具影响力班主任、河南省历史优质课大赛一等奖、基础教育国家级教学成果奖二等奖等荣誉。致力于"构建新时代中国班主任学"的理论与实践研究。《河南教育》《班主任之友》《班主任》等刊物封面人物。出版了《光辉岁月——我与个性一班的高三之旅》《高中系列班会课》《小学系列班会课》《微班会创意设计与实施》《手把手教你建设班主任工作室》《我在俄罗斯教书》等著作。

让生涯教育引领生命成长

在 29 年的教师生涯中,每逢学生高考,于我,都是冰火两重天:一方面,为学生即将进入大学之门而欢喜;另一方面,也会因回想起一件件令人遗憾的往事而怅然。

2007 年,"一米阳光"(化名)在大学二年级时决定退学。他大学读的是文科中热门的财经类院校中的金融专业,当年曾令很多人羡慕不已。是什么原因促使他退学呢?

他发给我的一封邮件中道出了个中原委:

高考后,学生困惑于专业之取舍,从父母之意乃择金融。今学生后悔当初之抉择,虽未一失足成千古恨,然有游戏人生之嫌。大学课余,学生发现现实之金融与幻想之中相去甚远。学生非懒散成性不学无术,然对于数学及相关之图形一窍不通,而经济图形尤甚。学生深知学习之机会来之不易,却不愿违己之意愿性情行事,思之慎之,终不得解脱,遂终日与文史哲为伍,以图书馆为伴,以少年毛主席周总理之精神策己,强身体之筋骨,略研习中华武术,以李小龙之精魂励己,好不充实随意。

高中三年，我在"一米阳光"的身上付出了很多。他为人善良，乐于助人，但由于家庭条件优渥，父母对他宠爱有加，他做事会有些"任性"——早恋、旷操、骨折、转科……各种"折腾"。我对他爱护、宽容、鼓励、帮助，他对我信任有加，师生如朋友，我助他考了很好的分数，却没能在专业选择的关键节点帮到他。我安排他回高中复读，重新参加高考，他最终读了自己喜欢的历史专业。大学毕业后，几经职业转换，在同学都已安家立业之时，他通过援疆，才将工作稳定下来。

2010年，学生小Z报了一个不太容易就业的专业。他家庭条件困难，所以急于就业，养家报国，却转专业无望。寒门苦读，不仅无力帮助家庭脱困，自己也勉强过活，颇为抑郁。

2013年，学生小Q，外语奇才，读了知名外国语大学，毕业后却丢掉了自己最大的优势，做了一名普通的银行柜员，以已之短竞他人之所长。

……

这些学生不是个案。我关爱学生、敬业有加、责任心强，却在学生人生的关键时刻，帮不到什么。我深深自责、深刻反思，这一切都源于我对职业知识的匮乏与生涯指导能力的巨大欠缺。

29年的教师生涯，我逐渐认识到班主任有三个层次：有爱心、有智慧、能引领。

爱心是基础。教育家说："没有爱就没有教育。"作家说："爱孩子是老母鸡都会做的事。"王晓春老师说："优秀班主任多的是劳模色彩，而不是专业尊严。"因此，一名优秀班主任不仅要有爱心，更要拥有智慧。

智慧是关键。智慧的班主任，有着一颗爱思考的大脑，能把学生的问题变成激发孩子成长的契机，引导学生求真、致美、向善。

引领是高标。《中小学班主任工作规定》中提出：班主任"是中小学生健康成长的引领者，班主任要努力成为中小学生的人生导师"。李希贵说："很多高中生的心理问题其实都跟人生目标迷茫有关。"引领学生成长是对班主任的高标要求，班主任要走在学生发展的前面，这要求班主任不仅要有爱心、责任心，还要有系统的知识体系和专业技能。新时代的班主任不仅要"懂管理",还要系统学习心理辅导、治疗、家庭指导、生涯教育等相关知识,并长期躬身实践,才能胜任引领者、人生导师这一角色。在长期实践中,我越来越认识到生涯教育对学生成长的重要性。

"生涯教育"是美国联邦教育总署署长马连博士在 20 世纪 70 年代初提出的一种新主张。他认为生涯教育是贯穿一生的全民教育。这种教育同时具备学术和职业功能、升学和就业准备,强调在传统的普通教育中建立起职业价值,目标是培养个人能够创造有价值的人生。

什么样的人生才会持续幸福?对于这个问题,可能会有千万种答案,但"每个人在不同的人生阶段都能够创造有价值的人生"应该是一个能够被大多数人接受的幸福观。

班主任做"生涯教育"具有先天的优势。我曾用十年的时间尝试以生涯思维带班。

一、生涯教育:唤醒学生的生涯意识

为什么学生报志愿会出现那么多误区?表面上看,是填报志愿知识的缺乏,实质上是对过什么样的人生缺少思考。生涯教育,从唤醒学生的生涯意识开始。由于人的成长节律有快有慢,悟性有高有低,生涯意识的唤醒不是一蹴而就的,而是一个漫长的过程。

十年前,国内有关生涯教育的资源很匮乏,最初的一些实践都是碎片化的。随着经验的积累和获取资料途径的增多,我的生涯教育越来越系统化。对于学生生涯意识的唤醒,方法有很多(如图 1),我也尝试过多种方法。

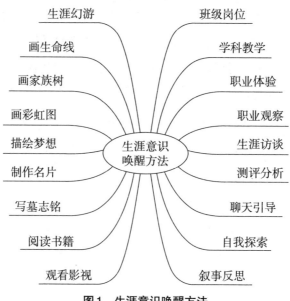

图1 生涯意识唤醒方法

【示例1】撰写墓志铭

清明节,在这个国人"慎终追远"的特殊节日里,我通过让学生撰写墓志铭来唤醒学生的生涯意识。

一天班会上,我来到班级向学生发问:"你们想过自己要过一种什么样的人生吗?"学生先是陷入沉思,接下来,很多学生说:"我也不知道自己到底想要什么样的人生。"

我说:"没关系,这里有个工具可以帮助你,即给自己写一份墓志铭。"我先出示了一份资料:

有这么一个人,他出生在一个医学世家,在上大学的时候自然进了医学院,可是跟医学有关的课他都学不进去,他喜欢的是文学、历史这些内容。可是因为家里的影响实在太大了,所以他从来都没想过不学医学,而总是告诉自己,不管多难,都得坚持。大二时他听了一个教人如何写一份有效简历的讲座,从此改变了他的一生。

老师让他们写一份墓志铭，里面要描述自己的一生。他先是写了自己显赫的医生的一生，写着写着，感觉不对劲，发现这不是自己真正想要的人生。接着，他重写了自己从事国际商务的一生。后来，他果真成为一名成功的商人，而且写出了享誉世界的商业名著《提问的艺术》。这个人就是安德鲁·索贝尔。

接着，我把索贝尔写的两个版本的墓志铭都通过课件展示出来，还配上音乐，让学生在音乐的驱动下，通过仿写，思考自己想过一种什么样的人生。

有的学生写了一份墓志铭：有写飞行员的，有写警察的……有的学生写了两份墓志铭。

作为教师子女的欣欣就撰写了两份墓志铭。第一份她是这么写的：

我是一名光荣的人民教师，我用心对待每一个学生，教好每一节课，认真批改作业和试卷，帮助许多学生考上理想的大学……

写着写着，她写不下去了。同学交流时，她才说出原因。原来深爱她的爷爷就是一位教师，但他因病早逝，她眼睁睁地看着爷爷离开，医生却挽救不了。只见她泪眼盈盈，发誓要做一名救死扶伤的医生。接着，她写了第二份墓志铭：

我是一名本领高超的医生，我用心钻研医术，一生让数千名病危的人起死回生。病人的亲人送来的锦旗挂满了我办公室的墙壁，我身穿白大褂每天穿梭在病房，给人们带来希望。

后来，鉴于美国挑起科技战，中兴受罚，华为被"卡脖子"，填报高考志愿时，她欣欣毅然报考了电子专业，发誓要为国家科技振兴而奋斗。

由此可见，学生的职业理想是不稳定的，可能会因某些因素影响而改变。生涯意识唤醒的意义在于触动学生思考职业、思考人生，成为主动规划人生、不断发现更好的自己和有生涯意识的人。

随着生涯教育活动的推进,我在唤醒学生生涯意识的基础上有了更深的认识。如图2所示,生涯教育就是要不断地引导学生知己(了解自己)、知彼(认识世界),同时做好管理,即做好阶段性的目标制定、时间规划、精力管理,专注阶段性的学习任务,扮演好特定阶段的人生角色,维护好多方面的人际关系,做好自己的心理建设,树立并擦亮个人品牌,在学习、工作与生活中寻求平衡。任何一项管理都需要科学决策、理性行动,才可能过好这一生。

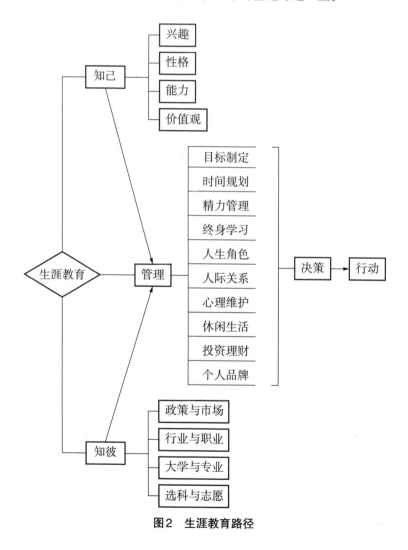

图2 生涯教育路径

如何"知己"呢？从兴趣、性格、能力、价值观四个方面去认识自己。兴趣是喜欢做什么，能力是擅长做什么，价值观是应该做什么，三者交集即性格，性格是适合做什么。

"认识你自己！"这句刻写在雅典德尔斐神庙上的著名箴言，经常被希腊和后来的哲学家引用来规劝世人认识自己真正的价值。马克思也指出，人生价值是作为客体的人的自身属性满足主体的人的需要的为人属性，是作为客体的人为作为主体的人而存在的标示。

认识自己是一件非常艰难的事，每个人穷其一生也未必真正认识自己。心理学工具为我们认识自己打开了一扇门。比如，教师可通过主观投射测验——霍兰德职业兴趣岛游戏、社团招新测试，或客观问卷测验——霍兰德自我探索量表、斯特朗职业兴趣量表等来探索学生的兴趣，通过盖洛普优势识别器和加德纳的多元智能测评来测试学生的能力倾向，通过价值观大拍卖来测评学生的价值观。

班主任习惯于管理、教育学生。其实，我们还有更重要的使命，就是帮助学生发现自己、认识自己，进而提升自己。我曾组织过一个让学生探索兴趣的活动，运用问题法激发学生思考兴趣、能力、价值观与责任、使命的关系。

【示例2】培养一个兴趣

对于应该培养什么样的兴趣，班级里的学生进行了讨论。

1. 你曾有过什么兴趣爱好？如运动类、文娱类、阅读类、生活类、智力类等。（写出三个以上）
2. 你为什么喜欢它？什么情况下你会不喜欢它？
3. 哪个是你真正的兴趣？是什么力量促使你把有的兴趣保持到现在？
4. 有的兴趣爱好是怎么失去的？
5. 你的家人、亲友、同学及网络上的同龄人有哪些兴趣爱好？
6. 你认为什么是良好的兴趣？什么是不良兴趣？（试列举三个以上）
7. 如果你沉迷于一个不良兴趣，该怎么办？

8. 培养健康的兴趣爱好对我们好处多多，该怎样培养健康的兴趣爱好呢？

9. 当你的兴趣爱好成为你每天必须忙碌的事，你还会喜欢吗？

10. 曾经有一个采访：主持人问一个歌手在家休息时的娱乐是不是唱歌？歌手回答不是，因为她自己的工作就是唱歌，工作的时候唱歌已经很累了，在家休息的时候就很少去唱歌，甚至连话都很少说。既然业余时间不再有这个爱好，那么它还是兴趣爱好吗？

11. 你感兴趣的事有时却没能力做好，是什么原因？你该怎么办？

12. 你不感兴趣的事有时却能做好，是什么原因？你该怎么办？

13. 你认为重要的事情有哪些？你感兴趣吗？

14. 如果不感兴趣，你该怎么办？

15. 没有一个明确的兴趣点和方向，你该怎么办？

16. 世界上最难的事就是认识自己，你怎么发现自己潜在的兴趣？

17. 你有没有发展一项爱好并达到专业水平？

18. 专业和业余有什么差别？

19. 如何培养一个良好的兴趣？（小组讨论）

20. 如何把兴趣变成你成功的强大动力？

21. 我喜欢的是个冷门专业，怎么办？

22. 一个职业，如果既能够符合兴趣，又符合你的价值观，还是你擅长的领域，当然是最完美的。如果不是，你该怎么办？

对于以上问题，同学们讨论得比较激烈的是"专业和业余有什么差别"。我重点强调了一个区别："专业是结果导向，业余则经常是兴趣导向。因此，所谓专业的表现，在于一个人明知道一件事没有意思乃至无聊，但因职责所在，都会尽职尽责地去完成；业余的表现，则在于一个人只肯做自己想做的事，对于不想做的事情，或者不情不愿，或者索性一概不理。"

本次讨论不仅是帮助学生发现自己的兴趣所在，更重要的是对学生进行职业精神教育。

同学们最关心的是"喜欢的是个冷门专业，怎么办"。我说："当今社会是个专业人士大放异彩的时代，不怕你喜欢冷门，就怕你了解太浅。我有个学生喜欢考古，但因同学嘲笑，就没敢报这个专业。后来复读一年，还是报了考古专业。大学毕业考公务员，这个学生考到南方某市文物局。因为身边的同事大都是非考古专业，所以，他颇受领导重视，经常外出考古，过年时，还带了几本他写的考古著作给我。可谓是兴趣、能力和价值观三合一了。冷门并不可怕，只要社会需要（夕阳产业还是要回避），就能找到自己的位置，既能谋生，也能为社会发展做出自己应有的贡献。"

最后一个问题讨论得最激烈。我给出了解决方案："马克思说，人生价值的实现是以'现实的人'为前提的，与社会发展方向相一致的能动的实践活动。如果暂时不能做到'兴趣＋能力＋价值观'三合一，可以运用著名生涯规划师古典老师的职业生涯三叶草模型，让三叶草转动起来，充分发挥人的主观能动性，创造幸福的职业人生。"

最后，我总结："《中华人民共和国国家职业分类大典》中有近2000种职业，而人一生能尝试的职业机会在7～9个，能找到最适合你的绝对是个小概率事件。有趣的事情不一定重要，对中学生而言，学会让重要的事情变得有趣，才是关键。"

不知不觉中，学生接受了正向的人生观、价值观教育。

【示例3】认识性格

性格是每个孩子都关心的话题，常用的性格测评心理学工具有九种。经尝试，我认为比较好用的是"性格色彩"。除了简易的性格色彩测评，我还采用了生涯叙事和研讨会两种方式，帮助学生认识自己的性格。"性格色彩"理论把人的性格分为红、蓝、黄、绿四种颜色，每一种色彩的人都有各自做事的动机，分别是追求快乐、完美、成就、稳定，各有优点和局限。每个人都是由某一种色彩为主导，兼具其他色彩的某些特点。

小洁在性格色彩测试活动之后写道："在学习性格色彩之前，我一直不了解自己的性格，有时还觉得自己好像没有性格，怎么样都可以，比较随便，不会对外界起太大波澜。因为某种原因，我从小在外婆家长大，外婆和外公是我一生中最重要的人。外婆是心好瞎操心，大绿；外公应该是黄加蓝，当过40多年教师，对我比较严厉。在这样的环境下，我成了微绿略蓝的性格。"

在组织了几次测试活动的基础上，我召开了一次性格色彩研讨会，将同一色彩的学生分为一组，共分成四个小组，让学生分享自己性格色彩的故事。活泼的红色性格的小玉走错了组，去了绿色组，分享不到十分钟，她就发现自己跟别人不是一类，回到了红色组。

识别性格，有助于学生扬长补短，在班级选择自己的岗位。比如，红色性格适合做宣传委员和团支部书记，蓝色性格适合做卫生委员，黄色性格适合做班长。

这个活动还引起了家长的关注。兰兰的爸爸通过邮件说："每每提到性格，孩子都引用性格色彩来判断，我个人觉得这对成长中的孩子来说比成绩更重要。"有的孩子还能活学活用。有一次，周末放假，甜甜到家看见父母在吵架，原来是妈妈考虑到周末甜甜学习要用灯，但灯管坏了，让她爸爸在甜甜回来前修好。结果，爸爸没修，于是，夫妻俩吵了起来。甜甜说："妈，你是大黄色，性子太急。爸，你是绿色性格，干啥也不着急。你们俩都改一改，好不好……"结果，父母被甜甜一本正经的分析逗笑了，架也不吵了。

通过"知己"——兴趣、性格、能力、价值观四者的自我认知，学生能初步判断自己适合的职业；通过"知彼"——政策与市场、行业与职业、大学与专业、选科与志愿的学习，学生能够认识外部世界的需求。学生在了解自己、认识世界过程中，生涯意识被不断唤醒，经营人生的意识自然也就形成了。

二、生涯课程：用三年为一生做准备

当前学校课程存在一些共性问题：从课程结构上看，以知识性、学科课程为主，经验类、活动类课程不足，导致选择性不够，无法照顾到每一个学生的差异与需要；课程缺乏开放性，学生没有自主建构课程的空间；课程相对稳定和滞后，无法及时反映时代的新发展。从教师角度看，教师的课程意识有待唤醒，课程开发能力亟待提升。从课程内容看，班本课程质量整体不高，丰富性远远不够。

用生涯理论框架来架构班级管理体系，用课程理念引领学生发展，是对既有课程的有益补充。为此，我探索运用生涯教育课程带班。

【示例4】生涯教育班本课程方案

一、项目说明

课程名称：高中生涯教育课

开发教师：秦望

课程时限：三年，从2019年9月至2022年6月。必修共24课时（每个月4节班会课，借用其中一节）；选修（课余）：收集、调查、访谈、实践，383课时（假期一般用7天×8小时=56小时）。

适用对象：2019级（1）班和山东某班同时进行。（由于河南未进入选课走班，故跟山东一位班主任合作开发。）

二、背景分析

政策来源：《国家中长期教育改革和发展规划纲要（2010—2020年）》指出："建立学生发展指导制度，加强对学生的理想、心理、学业等多方面指导。"2015年，《河南省普通高中生涯教育课程指导纲要》试行；2016年，《中国学生发展核心素养》发布；2017年，《中小学德育工作指南》出台；2019年，《国务院办公厅关于新时代推进普通高中育人方式改革的指导意见》公布。

学生情况：本班共有52名同学，其中济源市区35人，郊县17人。济源是河南省最小的省直管市，城区的孩子知识面较宽，但受"大山文化"影响，缺乏远大理想。郊县的孩子知识面普遍偏窄，但能吃苦。两类孩子知道上高中是为了考大学，但对考什么大学，为什么考大学，专业、职业等知之甚少，对自身的性格、兴趣、能力时常出现迷茫。

家长需求：家长对子女有着较高期望，都希望自己的孩子能考上好大学，找个好工作，有一定的社会地位。家长肯配合老师工作，但对升学、就业、专业知之甚少。

理论依据：生涯特质论、生涯发展论、生涯建构论、生涯体验论、生涯叙事理论。

三、课程目标

1. 通过访谈，了解高中及大学的学习和生活，了解相关职业及工作情况。
2. 通过测评和叙事，认识自己的性格、兴趣、能力、价值观。
3. 通过查询和交流，实地考察，探索大学、专业及其与职业的关系。
4. 通过实践体验，感受职业生活的精彩，激发学生向上的意愿。
5. 通过生涯决策，选定大学及专业，填报志愿，为大学生活做准备。

四、课程内容

生涯教育，广义上，学校的一切课程与教育活动都属于此范畴，因为其目的都是学生的终身发展；狭义上，指为帮助学生进行生涯规划（确立发展目标、选择职业角色、寻求最佳人生发展途径）而设立的专门性课程与活动。

本方案侧重于狭义的生涯教育。

五、课程实施

1. 教学：班会课、讲座课、励志课、生涯叙事、考察参观、人物访谈、量表测评、研讨交流、生涯咨询、生涯实践等灵活多样的授课方式，教师的灵活教、学生的自主学和家长的主动辅相结合。

2. 管理：班主任和课程小组共同管理。组建高中生涯教育课管理项目组，项目组由教师、家委会和课代表组成，在班主任的指导下开展工作，包括场地布置维护、研学及工作管理、资料收集、资金筹措、社会联络等。

六、课程评价

评价时不仅要关注学生最终的结果，更要关注学习、体验的过程。采用学生自评、课程项目组打分两种形式确定最终分数。评价内容涉及课前准备、课上表现、作品评价、展示性评价。

七、所需条件

家长资金支持、教师巨大精力投入、教师家人支持、学生自愿参与。

附：

高中生涯教育规划

时间	主题	专题	内容	课时	备注
高一上学期	认识	认识高中	服务设施、办学历史、校友名人、学长故事、学科名师、人际关系	6	测评、访谈、班会、讲座、辩论、演讲、讨论、议事、实践、体验、探索、社团活动
		了解自己	性格、兴趣、能力、价值观与专业职业的关系	4	
		目标管理	学习、爱好、休闲	1	
寒假	研学	参观大学	六大区域之一、二区域大学、自然人文景观	56	
高一下学期	探索	学考选考	学考备战、考试政策	1	
		大学专业	招生政策、录取方式、大学分类、专业设置	6	
暑假	研学	参观大学	六大区域之一、二区域大学、自然人文景观	56	
高二上学期	选择	选课走班	选课决策（个人、资讯、环境）	3	
		学习认知	学习策略、学习风格	1	
		精力管理	社团活动、课业学习、睡眠管理、合理营养、运动健身	4	
寒假	工作	职业体验	打工	56	
高二下学期	历练	职场招聘	自荐简历、模拟招聘、预填志愿	3	
		专业职业	行业规划、圈定大学、聚焦专业、职业方向	4	
		自我修养	沟通合作、执行力、领导力	3	
暑假	工作	职业体验	打工	56	
高三上学期	备战	学习能力	课业管理、学习状态、试卷分析、冲刺选考	1	
		多元选择	升学途径、竞赛准备	4	
寒假	研究	研究性学习	某一升学途径或竞赛准备	24	

续表

时间	主题	专题	内容	课时	备注
高三下学期	志愿	心理维护	情绪调控、压力管理	2	
		志愿填报	录取规则、填写规则、填写策略、志愿试填、正式填报	4	
暑假	研学	大学先修	旅游、课程学习	112	

【示例5】生涯研学旅行

我带的基础班，学生底子薄，数理化基本学不会，政史地从头学还能会一点儿。基于此，我从高一开始帮助学生规划三年后的发展方向。越是薄弱学生，越要有明晰的专业和职业规划；越是薄弱学生，越要在行走中阅历祖国的自然和人文。

文科就业难是众所周知的，但是，及早规划就会另辟蹊径。文科相对好就业的可以归为两大类：一是人文社科类专业，如外语、中文、历史、新闻等，具体到一些实用专业，如应用英语、应用小语种、文秘、新闻采编与制作等；二是经管类专业，如国际经济与贸易、金融学、旅游管理、市场营销、物业管理等，具体到一些实用专业，如导游、酒店管理、会展策划与管理、电子商务、会计电算化、连锁酒店管理、餐饮管理与服务等。另外，民航业的空中乘务、航空会展、航空保安、航空港安全检查、航空服务等专业，医学方面的护理、中医保健专业，体育方面的体育服务与管理、运动休闲服务与管理、社会体育等专业，师范类的幼儿教育专业，艺术方面的音乐、美术等专业均有广阔的出路。

为了把这些专业落实到与我班学生水平相当的高职学校（全国1207所，国家示范校108所）和体艺学校，我查阅了大量资料，按全国六大行政区划分，圈定了上百所学校，在班会课上分类介绍专业及对应的学校。学生根据自己的兴趣爱好和发展意愿初步选择专业、学校和区域，每人至少选三个专业、十所学校、三个区域。然后，我将学生分成若干小组，规划了六个假期的研学旅行，每个人依据自己的实际情况选择要看的学校。当学生得知期末考试结束将出发旅行时，他们非常激动，最后一个月备战全市统考也劲头十足。

除了访学校、游山水、品人文，看企业也是必不可少的项目。课程项目组按六大行政区圈定了若干自然景观和人文景观，以备选择。出发前结合旅行社设计的研学路线，我们再次取舍。

《教育部等11部门关于推进中小学生研学旅行的意见》界定中小学生研学旅行是由教育部门和学校有计划组织安排的，班级研学活动尚未被纳入范围。因此，把家长带入研学活动是班主任增强活动组织力量、规避风险的理性选择。班主任是班级研学旅行的设计者，家委会是实施者和参与者。

比如高一寒假的华东游，我在家委会议事会上提出这一设想，得到家长们的热烈响应。组建了研学旅行筹委会后，我们按照研学旅行的五个要素——研学课程、研学线路、研学基地、研学导师、安全管理来设计活动。筹委会跟旅行社谈判，家长代表跟旅行社签订合同，旅行社对整个活动安全负全责，家长代表全程参与旅行。家长和学生一起收集了旅行目的地的相关知识，打印成册，在途中学习。

除了访学校、游山水、品人文，我们还增加了生涯访谈环节。在旅行途中，每位同学至少访谈三位不同职业的人，通过访谈了解各职业要求。具体学校也有所调整，虽不能考，但心向往之。根据学生的要求，我们参观了厦门大学，激发了学生对名校的向往；也参观了私立仰恩大学，为学生务实择校做准备。

高一暑假的东北游还有一个意外收获：女孩然从小就喜欢美术，参观了大连的鲁迅美术学院之后，她很着迷。我动员她学美术，说服她家人给她报了美术课外辅导班。然本来是个迷迷糊糊的孩子，自己认定鲁迅美术学院后，动力十足，干劲冲天。令人难以相信的是，基础非常薄弱的然，三年后，真的考上了鲁迅美术学院，成功实现了人生逆袭，成为那一届学生的美谈。

原计划六期的研学旅行，因为不确定性因素，只进行了三期，意义却是重大的。

旅行途中，每游一处，在研学导师的安排下，学生轮流谈心得体会。通过旅行，学生不仅开阔了视野，了解了大学，而且建立了亲密的亲子关系，加深了同学之间的友谊。回来后，大家还制作了研学旅行电子相册，成为我们永久珍藏的美好记忆。

【示例6】家长讲生涯

我们班的家长有打工者、警察、店主、农场主、养殖人……我的学生基础薄弱,相当一部分可能会选择留在本地工作,可能会从事与家长相同的工作。在活动中增强亲子之间的相互理解,就是为将来的职业生涯做准备。

我从家长中选出各行各业的代表到班里给学生讲他们的人生经历。给学生触动最深的是一个跑运输的个体户。或许他一辈子也不会想要写一篇文章,但因为班级邀请他,把他"逼"得无路可走,他居然写出了三千多字的文章,写完后还让我给他提修改建议。我说"要有故事情节",他反反复复修改了几次后,利用班会课将其讲了出来。他说:"秦老师,我在家里给孩子讲,他不听,但是到班里讲就不一样了。到班里一讲,我发现,不仅全班学生听得专注,我家孩子听得也非常专注。"家长在家里讲,孩子会反感,但是到班里讲,这时感觉就不一样了。而且经过反复打磨、准备,故事情节更完整,质量更高了。我听了后,也非常受触动。

他说,自己小时候因为家庭条件困难,小学就辍学了,后来到南方打工,吃着难以下咽的饭菜。好不容易挣了点钱,他就拿这笔钱考了一个驾驶证,想开大货车。刚开始老板不让他开,他就跟车,相当于助手。跑了好久后,自己买了一辆大货车。慢慢地,家里的生活好起来了。现在他还被选作村长,带领村民一起致富。

20期的家长讲生涯,就是一个个平凡家长的励志故事的集合。这些故事深深触动了学生,极大改变了他们的精神面貌。

三、遇见生涯:过一种"班主任"人生

生涯教育,不仅唤醒了学生的生涯意识,也唤醒了班主任。我要做一名什么样的班主任呢?我身边从不缺少敬业奉献、关爱学生的班主任,缺少的是具有职业理想、专业智慧与引领能力的班主任。

于是,我在朱永新老师发起的新教育倡导的教师专业发展"三专"道路的

启发下，成立了班主任专业成长共同体——8+1班主任工作室。19年如一日，我们团队践行群体修炼"十大行动"、个体精进"十项功课"、专业成长"必修十二课"、团队研修"十种模式"、项目驱动"十个小组"。确立愿景为：使工作室成为学习中心、实训基地、研发平台、专家摇篮。践行使命为：构建新时代中国班主任学。

团队成员边实践、边思考、边阅读、边研讨、边写作、边分享，过上了一种学术的班主任生活，积累了大量的研修成果。其中，案例研讨，101期，积累了101个案例研究成果，在《河南教育》开专栏，发表了24篇；主题班会开发贯通基础教育12年的系列班会实录328个，出版班会案例书9本；微型班会开发了123个实录，出版了《微班会创意设计与实施》；电影课程研讨，305期，开发贯通了基础教育12年阶梯式电影课程，出版电课育人案例书9本；班级要事研讨，135期，积累了200万字的带班经验工作日志；研发了《班主任阅读地图》……

《中国教育报》《班主任之友》等近20家媒体报道了8+1班主任工作室，团队被评为"河南省最具智慧力班主任优秀团队""全国名班主任工作室"。团队成果两次获河南省基础教育优秀教学成果一等奖，一项获基础教育国家级教学成果奖二等奖。

团队"立足校本，辐射全国"，为学校培养了一批专业的班主任和近一半的德育领导，在全国建立近百个实验区、校，团队间每周周三晚间雷打不动的研修活动成为一道亮丽的风景。近五年，我们每年接待外来考察跟岗学习团1000余人；近十年，我们培训中小学班主任达30万人次。8+1班主任工作室成为全国班主任工作室建设的样本。

伙伴们一起带班、研修、悟道。在与学生的共同生活中，我们体味班主任人生的真谛，在引领每个生命成长的过程中领悟人间大道。班主任是陪伴年轻生命的重要他人，班主任生活是实现自我生命价值的绝佳途径。

一间教室里装着整个世界，你的人生里藏着我的人生，这就是我们想要的班主任人生。

宋新菊

河南省焦作市武陟县育才学校小学语文教师兼班主任,河南省骨干教师,焦作市新教育实验讲师团成员,武陟县新教育名师工作室主持人。获2023年第七届"全人教育奖"提名奖,2020年度"阅读点灯人",2015年度"中国好教师"、2014年全国新教育实验十佳完美教室获得者,河南省第四届最具智慧力班主任、河南省首届最具影响力班主任、河南省书香班级获得者、焦作市优秀班主任等荣誉或称号。

一间可以长大的小梅花教室

黄河之滨，太行脚下，小小的怀川之地，有一间普普通通的教室。这间教室叫"小梅花班"，它承载着我对"幸福完整教育生活"的追求。从教26年来，我和我的这群乡村孩子一起缔造我们的家园，捏塑每个日子。我们的故事从土地上生长起来，含着泥土的清香，带着山野的质朴。

一、缘起

1994年，我以全县第一名的成绩考上沁阳师范学校。因为认知贫瘠，我深感自卑。除了考试的体育项目，其他的我一概不知；一个动作也不会的我，傻傻地站在课间操队伍里，听着同学们议论"别看考了第一名，就是个乡巴佬"。那一刻，我感觉自己就是大家眼中的丑小鸭，而且是变不成白天鹅的那种。1997年，我以优秀毕业生的身份毕业，在师生加起来只有72人的校园里，尝试了所有学科的教学。我不想让学校的孩子走出去时再被称为乡巴佬，但始终没能遇见好的教育。

2009年，我遇见了新教育，遇见了我的"波迪老师"——张硕果。硕果老师带来的一节节晨诵课深深地吸引了我：优雅的吟诵、美好的诗句、激情的老师、热切的孩子……诗情画意与孩子们的生命交织在一起，散发出动人的光芒。"原来，老师可以这样幸福地教。"我开始重新审视教师这个职业，燃起了改变与再成长的愿望。硕果老师满脸幸福地讲述着团队老师的故事。我别提有多羡慕了，如果能成为团队的一员，那该多么幸福。

新教育对我的影响和改变是终生的。当"儿童就是可能性""无限相信儿童的潜能""教给孩子一生有用的东西""童年的秘密远没有被发现"这些理念冲击着我的认知时，我决定改变自己的行走方式，开启一段新的人生旅程。我仿佛看到了教育的曙光，开始用自己的行动守护一间小小的教室。

二、缔造

（一）全学科与主题文化

我们的教室每个年级都有鲜明的主题文化：一年级"'小梅花'生活趣多多"——艺术生活之旅，二年级"'小梅花'生活乐呵呵"——科学探索之旅，三年级"'小梅花'舞动四季"——生命叙事之旅，四年级"踏上幸福的列车"——幸福阅读之旅，五年级"书写生命的传奇"——幸福写作之旅，六年级"向世界证明自己的卓越"——生命拔节之旅。我在主题文化的引领下构建儿童课程，用课程构建我们的日常生活，整合语文教材，用新教育的晨诵、午读、暮省的教育方式不间断地书写班级的成长故事。

一年级"'小梅花'生活趣多多"主题是将艺术整合在生活中。比如，晨诵《秋风吹》时，我们就到庭院里捡拾树叶做"树叶贴画"；晨诵《豆儿圆》时，我们就用各种各样的豆子做"豆子贴画"；晨诵《多彩的春天》时，我们就做"春之歌撕纸画"和"布贴画"。教室的整面墙壁上都是我们的作品。尽管稚嫩，但已经蓬勃地彰显了"小梅花"鲜活的生命力！我们吟诵着《亲爱的三月，请进》《明天要远足》，一起来到沁河大堤上植树；我们站在桃园中盛开的桃花下齐诵《大林寺桃花》《题都城南庄》，桃花的芬芳、娇艳随着我们的吟诵，慢慢地在我们的心头氤氲开来……共读《一年级趣多多》的第一章时,我们用橡皮泥捏了"棒棒糖",寓意我们的生活更甜蜜,孩子们会更棒!共读第七章时,我们用颜料的魔力一起做"手指画"和"瓶子彩绘"。孩子们看着自己给瓶子穿上了漂亮的衣服,自己的手指会开花,兴奋到了极点。共读第十章的时候,我们一起做了"水果拼盘",就连小黄瓜都在我们的手中绽放了不同的生命魅力。共读第十一章时,我们在教室里种下了"自己的心愿树",看着它和孩子们一起成长……

主题文化使"小梅花"自主拔节的生长成为可能。孩子们在主题文化的引领下开心快乐地度过自己的每一天。

"小梅花"的主题文化中必不可少的还有梅文化。

一年级时,我和孩子们一起将班级命名为"小梅花班"。起名"小梅花",蕴含着一株植物自然生长的内在逻辑,意味着生命不断突破自我的拔节成长,直至成长为天地间"大写的人"。

从孩子们成为一年级小学生的那一刻起,我们就在努力地诠释梅文化,深度做梅文化。语文课上的晨诵共读、美术课上的绘画欣赏、社团课上的手工制作、道德与法治课上的案例分析、家长课堂上讲述梅花、劳动实践课种植梅树……这样全息性的课程,激发全学科老师和家长的共同参与,努力把做一株梅的美好、深刻、韵味用生活体验的方式传递给孩子们,使之从心灵深处愿意成为梅。

梅文化启动仪式上,我们用手指画梅花;美术课上,我们用墨水吹梅花;道德与法治课上,我们结合生活事件,学习梅的精神品质;周末、课余时,我们在T恤上手绘梅花,制作文化衫。梅花课程告别仪式上,一棵魔法气球梅花树震撼全场,我们吟诵着梅花诗词,把梅花的美好和意蕴用独特的方式传递给了大家。"梅花相框""纸盘梅花""干枝梅花"……丰富的内容,立体的生活,真正做到了"艺术之美,成人之美"。

"小梅花"这个名字的意蕴在教室生活中不断被发掘,被赋予新的生命意义,成为教室里共同的生命密码,结合道德人格发展阶梯和马斯洛层次需要理念,引导儿童朝向梅的精神品质。课程的浸润，让很多"小梅花"的蜕变有了可能。

（二）充分挖掘乡土资源

我们是一群出生在黄河边的乡土人，本土文化、本地资源是研发课程的主要抓手。由此，黄河文化课程应运而生。黄河文化课程包括源头文化、书法诗词、歌舞戏剧、黄河建筑等内容，是一个浩大的综合性学习过程。在漫长的历史发展之中，在更久远的岁月以前，我们的先人是怎样从母亲河畔诞生，并以此为源头发展起来的？他们怎样栖息劳作？怎样与世界联系在一起？这一个个伟大的灵魂怎样发出自己的声音？这声音，为什么直到今天，还响彻在我们的头顶，敲击着我们的心灵？

课程跨度很大，孩子年龄小，需要选择巧妙的课程入口，泥埙课程就是在这个大课程背景下进行的积极尝试。我们从黄河边挖来黄河泥，进行了两个月的玩泥生活。软软的黄河泥被驯服了。接着，我们遇见了泥埙课。为了让这种乐器能在我们的手里演奏，我们需要用石膏制作模子，做出同一个调子的泥埙。全部的泥埙制作好后，我们一起钻孔、正音、晾干、烤制、绘梅花标志。泥埙制作过程中一次次失败的体验、持久努力的坚守、创造性的思考和探寻黄河文明的好奇，都是课程带给儿童成长中必备的品质修炼。手捧镌刻着梅花标志的黄河泥埙，我们将梅文化和黄河文化巧妙地融合在一起。

泥埙课程进行的过程中，我们还到黄河滩边走一走，看一看黄河，学一学水位升降对河堤的要求，吃一吃黄河滩边的西瓜，做一次沙滩烧烤；特别是50多个家庭100多人的大团队游玩嘉应观，研学"黄河故宫"，实地体验黄河文化。一座嘉应观，半部治河史。当孩子们稚嫩的小手触摸着治河的工具，翻看一册册治河记录时，我们不断叩问自己：如何传承和发扬黄河文化，守护民族的根和魂？

梅花的傲寒绽放、自强不息和黄河的坚韧顽强、不屈不挠，在研学活动中实现了融合。师生完成了一次深刻的学习，真正做到了"见天地，知世界"。课程的丰富性和实效性，课程的内涵和外延，课程带给我们的思考和改变，都在研学过程中落地开花。

泥埙浑厚的音色陪伴我们走过了好几个春秋。当课程走进生活，课程文化才真正浸润儿童的生命，成为他们生命的一部分，真正地"活"起来。

（三）从成长出发的恐龙课程

看见儿童，尊重儿童，回到儿童的世界里去，是研发课程之初教师需要思考的内容。新教育要求回到儿童的自由中去，回到儿童拥有的"可能性"中去。

研发恐龙课程，缘于孩子们带到教室来的恐龙玩具。他们三五成群地交流着自己阅读过的恐龙书籍，充满激情地讨论恐龙灭绝的原因。孩子们探究的激情点燃了我研发课程的热情。

考虑恐龙早已灭绝，距离儿童生活较远，我们从儿童生命的特征出发，精心设计了"一周恐龙生活"，从"开启仪式"到"告别仪式"，完整呈现了一个课程卓越的模样。我们玩恐龙玩具，激发了孩子探究恐龙的兴致；我们学《追寻恐龙》，从课程教材中了解恐龙的种类和灭绝的原因；每天的大课间，我们一起观看中央电视台的恐龙科教视频；每天邀请一位家长走进教室为孩子们讲一个恐龙故事；每天一个主题，家长带着孩子画恐龙、讲恐龙、折纸恐龙、捏泥恐龙、挖掘恐龙化石。各式各样的恐龙飞在天花板上，跑在地面上，游在前后黑板上，教室俨然成了一个真实的恐龙世界。我们在龙泉湖公园举行"告别仪式"，孩子们拿着自己制作的恐龙，勇敢地走出父母的怀抱，来到人群中进行义卖。此刻，不敢开口的学生锻炼了自己的胆量，卖不出去的学生学会了等待，卖出去的学生学会感恩他人的善良。这是课程给予我们额外的馈赠。

整个恐龙课程形式多样，内涵丰富。课程巧妙设计了科学探究的过程，并在实际操作中让孩子形成科学的技能，培养他们在思考和动手操作中探究科学的神秘和神奇。就这样，整个恐龙课程的实施，有科学幻想、科学游戏、科学制作、科学欣赏……我们大胆尝试，用心收获。课程引发的孩子们对于生态环境保护的意识延续到以后生命的诸多方面，如日本排放核污水时，孩子们在写作课程中针对生态环境就发出了一次次叩问。

（四）师生共读共写共成长

"我的文字会开花"是小梅花班师生共写课程。这个课程的尝试和实践，是在思考儿童写作、读写一体化、童书引领等问题很久后才付诸实践的，同时也是在吻醒、激发、倾吐、创造的成长轨迹下，一步一个脚印发展而来的。

共读共写共同生活，我们在教室里创造独属于我们的语言密码，努力用文字见证"每个人都是作家"的奇迹。我和孩子们一起日不停笔地发表看法、互诉心声、激情记写，运用文字像呼吸一样自然。从《好饿的毛毛虫》中提炼自己的美丽梦想，从《胡萝卜的种子》中感受坚持不懈的毅力，从《我喜欢书》中萌发爱上阅读的热情，从《活了100万次的猫》中明白生命的意义，从《獾的礼物》中懂得生命的价值……且读且思考，读写共成长。我和孩子们每天都在童书的海洋中遨游，用文字呈现思维能抵达的高度。晨诵诗歌仿写、语文课文创编、班会故事感受、每日生活暮省、整本书解读……我们把笔尖伸展到教室的角角落落、生活的方方面面。

在孩子们思维瓶颈处的引领，实现了师生共读共写的编织；在生日课程上互送生日诗，达到了师生生命的彼此浸润。"不是我的错"写作课后，我这样记录：故事讲过第一遍，引出了"齐齐哈尔体育馆坍塌事件"，这究竟是谁的责任？花季少年的生命在那一刻终止时，谁在说"不是我的错"？接着，我们又将目光聚焦到日本排放核污水事件上。世界上多少国家看到这种现象，又有多少国家会说"不是我的错"？疫情虽然结束，当病毒肆虐时，多少人会说"不是我的错"？每一件看起来和我们无关的事，我们都责无旁贷！

孩子们对于心灵的叩问振聋发聩。曹子豪说："作为生长在这片土地上的中华儿女，我们应为世界上没有得到和平的难民承担责任，为地球的生态环境变坏承担责任，这是我们义不容辞的责任与担当。"李钧怡说："其实，我们每个人都有对于一件事的责任和担当，只是我们难以改掉做'无视者、旁观者、孤立者'的态度。"

共读共写，共同成长，一直是小梅花教室的日常。我们共读《丑小鸭》的故事至今让人记忆犹新。初读时，我在字里行间看到的都是自己。我就是曾经的"丑小鸭"，3年的师范磨砺、12年的乡间耕耘、14年的新教育塑造。守护教室26年的痛楚磨砺，挣扎蜕变，一起涌上心头，我哽咽了。那一刻，我吻醒了故事，故事也温暖着我的生命。

共读中，梅梅的成长有目共睹。梅梅自小便不被家人喜欢。缺爱的童年让她不愿意学习，也写不好生字。她是哭着读完《丑小鸭》的。当看到丑小鸭被兄弟姐妹欺负，被迫离开家时，她趴在桌子上放声痛哭。所有的孩子都记在了心里，想表达对梅梅的关爱。共读中，我们一次次叩问："丑小鸭丑吗？丑小鸭知道自己会成为白天鹅吗？你需要怎样努力才能突破自我变成白天鹅呢？"梅梅也在心中叩问自己。"大声朗读故事""积极参与讨论"，我们看到了她的觉醒。她努力修复自己的伤痛，勇敢走出自我。值得庆幸的是，表演舞台剧时，梅梅成功地扮演了丑小鸭。舞台上的梅梅眼中有光，绽放出了生命应有的灿烂。共读结束时，我们给她颁发了"丑小鸭奖"。她自己则读起了弗兰克的小诗《我的自画像》：

而现在，我成了所有美好的中心。
写着美丽的诗篇，
倾诉着美丽的梦想。

这不正是丑小鸭成长的过程吗？梅梅美丽地站在舞台上表演时，不就是变成白天鹅的那一刻吗？"吻醒故事，自居角色，体悟生命，自我觉醒，向上生长"，我们的共读真正地让这些词语"活"了起来。

（五）携手父母书写传奇

家校携手，是缔造一间教室必不可少的条件。

1. 为爱汇聚

在9月的第一次家校联系会上，我向家长们展示了我带的上一届小梅花班的样子，卓越的课程深深吸引了他们：写作课程中流畅的文笔，研学课程中行走千里路的执着，社会实践课程中开阔的视野，社团课程中"小梅花"七彩的生活，口语交际课程中"小梅花"卓越的口才……课程是什么？站在教室里，我们每一个人都是课程。积极参与、共同研发、贡献力量，我们用行动彰显课程的意义，用智慧构建，用理念引领。

9月28日是孔子的诞辰日，我们开启了小梅花班的首届读书节。我们的口号是：静静地捧起一本书。从学校到家庭，从课上到课下，我们所有人都坚持每天捧起一本书。读书节里，"故事妈妈"走进了课堂，大家都精心准备了PPT。王越潼妈妈还精心制作了一些头饰和小贴画奖品，左豪科妈妈给孩子们准备了棒棒糖，黄飞翔妈妈整理打印了我们的"小书虫阅读记录本"……"小梅花们"在不断思考、大胆想象与欣赏交流中不知不觉地度过了一个又一个有故事的下午。我们相信，一盏盏阅读的灯一定能照亮孩子前进的路。"故事妈妈讲故事，故事娃娃听故事。"陈宏霖的妈妈说："因为我是'故事妈妈'，所以如果哪天晚上不给孩子讲故事，就会觉得很对不起他。"

2. 点亮每一个节日

一个生命的成长，就像一棵树矗立在四季中，每一场风雨，每一缕阳光，最终都会以年轮的方式，铭刻在记忆里。每一个节日节气，我和家长们一起研发课程，用课程点亮每一个日子。

"小梅花"的第一个重阳节到了，我们设计了"浓浓重阳情，深深敬老意"的重阳课程。课程包括"重阳节的来历""重阳节的传说故事""重阳节的习俗""重阳节里说敬老""一起唱响敬老歌""画重阳""走进敬老院献爱心"等板块。这次课程是从教室里的活动策划到走进敬老院的活动，家长们全程参与。深度参与让家长了解了课程的设想和实施的全过程，也引发家长们的思考：同类型的课程如何做，自己能在课程中做什么。我还带着家长们一起研发了农历课程，穿行在农历的天空下，如中秋节里吟月、拜月、唱月、品尝月饼，端午节里带花花线、包粽子、缝香包、吃粽子，元宵节里做花灯、制灯谜、猜灯谜……我们且歌且行，诗意地栖居于四季。

3. 彼此影响，加强家校合作

每日一语。我借鉴上一个梅花班家校合作共建的成功经验，从和"小梅花"的父母见面的那一天起，就开始用每日一语的方式，不间断地进行熏染。这种熏染需要一个过程。为了达到目的，我总是选择新教育经典语句，并尽量以简短的方式，出现在每日发送作业信息的前面，实现了每日一语的有效阅读。

每周一信。我坚持每周写一封致班级父母的信，信的内容有总结"小梅花"一周的在校生活，有个别"小梅花"在本周的突出表现，还有低年级习惯养成注意事项的提醒等。慢慢地，有家长开始留言交流沟通，甚至提出班级建设的建议。更多的家长则是按照我的提示去行动。这种坚持，让一部分家长快速融入小梅花班这个大家庭中来。于是，我们成立了家委会，促进了家校合作共建工作的有序开展。

每期两会。每学期，我至少召开两次家校联系会，进行面对面的交流沟通，形成班级共识。首先，根据班级情况，我定出家校联系会主题。然后，我会分析家长们近期的心理需求，找到有效交流沟通的突破口，并准备相关的教育教学理论，以指导家校合作共建活动的开展。

家长和孩子一样对新环境充满了期待，但也充满了畏惧。他们最担心的是孩子的适应性，最想知道学校在这方面做了怎样的努力。鉴于以上情况，我以"牵手金秋，只为宝贝"为主题，召开了新学期的第一次家校联系会。在会上，我引用了我国台湾作家张晓风的《我交给你们一个孩子》中的内容进行导入："学校啊，当我把我的孩子交给你，你保证给他怎样的教育？今天早晨，我交给你一个欢欣诚实又颖悟的小男孩，多年以后，你将还我一个怎样的青年？"以这样的同理心，我找到与家长交流沟通的突破口。接着，我借用惠特曼的《有一个孩子向前走去》中的一首小诗："有一个孩子每天向前走去，他看见最初的东西，他就变成那东西，那东西就变成他的一部分……"与家长达成共识——我们要把美好的事物带到孩子面前，让他们成长为最好的自己。

我在低年级的家校联系会上经常会借用讲故事的方式，来说明新教育理念，如《等一会儿，聪聪》强调了教育不能等的道理，《爱心树》阐述了付出和索取的意义，《那只深蓝色的鸟是我爸爸》讲述了耐心教育的重要性，《妈妈，你会永远爱我吗？》强调要给予儿童安全感，《大声说出不可以》教会儿童交往中的边界感……故事是童年珍贵的精神营养，我们要坚持不懈地给孩子讲故事。在家校联系会上，家长们理解了亲子共读的重要性，解决了共读中可能遇到的问题，带着"小梅花们"走上了亲子共读的旅程。

就这样，在一次次家校联系会之后，涌现了越来越多的好爸爸、好妈妈。他们不仅带着孩子亲子共读，而且深度参与到班级建设中，共同书写小梅花教室的故事。

三、绽放

经过一路的摸爬滚打，我们在课程研发的路上越走越远，儿童深度参与课程，拥有深刻的生命体验，都正向地引领儿童德行的发展。课程的深度，让"小梅花"的卓越成为可能，努力走向道德人格的制高点。几年下来，小梅花教室的读写生活，也呈现出蓬勃的生命力。

儿童是天生的哲学家，不经意间，口吐金句，常常启迪我们的思维。我们以"小梅花名言"的方式进行收集展示。

信心是一粒金黄色的种子，只有你去播种才能长出美丽的未来！

——"小梅花作家"闫灵瑶

所有事物的发展都是一个圆，看似到了终点，其实又回到了起点。

——"小梅花作家"慕若菡

不用去满世界找素材，因为我们自己就是一本最好的书。

——"小梅花作家"赛豪

一朵稚嫩的花，终究会开出自己独特的美丽！

——"小梅花作家"张倩瑞

每个人都是作家，谱写着自己的人生！

——"小梅花作家"徐泽林

儿童也是天生的诗人，学习四年级"现代诗单元"时，教室里一度诗心飞扬。半个月的时间，近三百首小诗诞生了，我们集结成《轻叩诗歌的大门》。

三八妇女节的"感恩课程"之后，陈嘉展说："你给妈妈送康乃馨，他给妈妈做贺卡，我昨天晚上给妈妈写了一首小诗呢——时过八时半，有母未归还。倚门三四次，情盼心切切。"我郑重地把这首小诗抄写在黑板上，并亲切地称呼陈嘉展为"小梅花诗人"。从此，孩子们的创作热情一发不可收拾。

比如，"小梅花诗人"陈嘉展的诗作：

山　水

祖国山水大，天地山水阔。
山峦雄壮高，水潭深又浅。

梅　花

小欲竖起几树梅，一来想闻香满放。
香气使子欲芳芳，花里最好是梅花。

"小梅花诗人"白冰的诗作：

飞花令，
草长莺飞柳花飞散，
如春雪，
枝头鸟儿呢喃，
声声唤春春不悔，
谁家新燕舍春归？

> 春望去，
> 春花散落。

"小梅花诗人"慕若菡的诗作：

> 触不到的长大，
> 生活变幻无穷，
> 我的心，也随着环境改变，
> 当我察觉时，是那么的惊慌，
> 谁会料到，改变后的自己，
> 会是怎样？
>
> 小时的童真、幼稚，
> 如云丝，被微风挪移了，
> 如晚霞，被初阳刺没了，
> 长大了的自己，
> 会不由自主地胡思乱想，
> 我想远离它们，
> 因此，世界似乎陌生起来。
>
> 长大了的自己，
> 书写了无数优秀的文章，
> 拥有了只属于，自己独特的思想，
> 懂得了，成功无捷径。

西部课程结束后，白冰写道：

> 西部以西，一片神秘的地方，

以自己的神圣

吹拂着我落满尘埃的心。

西部以西，一块美丽的地方，

以自身的美好

消除我满心的杂草。

西部以西，

雪山用她的洁白

透视着我内心的俗气。

西部以西，

那土地，

美丽、神圣、洁白的地方！

西部，那片美丽的土地上，就这样留下了我们的印迹；

西部，那片圣洁的土地上，从此有了我们的思念。

西部，我们和你一起走过。

有一年重阳节恰好也是我的生日，孩子们在我生日当天写下了送给我的生日诗。

"小梅花诗人"曹子豪写道：

九九重阳，菊花繁茂。

飒爽秋菊，坚强迎风笑。

黄金清秋，硕果累累。

花中君子，育人从不悔。

在您的名字里，

我看到了

"冲天香阵透长安，满城尽带黄金甲"豪爽和大气之义；

也看到了"采菊东篱下，悠然见南山"悠然与闲适之情。

在教坛绽放二十六年，花开了二十多年，

岁月逝去了，您却永葆着初心，

傲霜绽放着，斗雪欢笑着，

只为培养我们。

老师，祝您生日快乐！

"小梅花诗人"王炳凯写道：

在九月九日，迎来了宋老师的生日。

回想起四年的生活，种豆芽、养蚕、讲故事……

您的课堂比其他老师有趣。

讲台虽小，但您桃李天下。

若我们是天上的云，

您就是推动我们的那阵风。

若我们是天上的鸟，

您就是让我们休息的那棵树。

您虽然已经过了风华正茂之时，

但您的精神永远都在。

您如同天上的太阳，引导我们前进。

您同样是最关怀我们的，也是最爱我们的。

在此，祝您：生日快乐！

丰富的生活，立体的阅读，卓越的课程，"小梅花们"不断地拓展教室的领域，在努力地向世界证明自己的卓越。教室里不断涌现故事，涌现美好，涌现神奇。

2022年金秋的一个午后，在中国社会科学院读书的天月在微信上给我留言：

老师，今天我去了中国童书博览会做志愿者。……看到《犟龟》，看到《活了100万次的猫》……一阵阵感动涌上心头——当年，是您带着我们在童书的海洋中遨游，让我得以在经典的滋养中成长，领略仅凭自己看不到的风光。……在摊位买绘本时，卖家惊讶于我是买来自己读……我只是庆幸，庆幸自己仍可以领会这种美好，庆幸自己多了一种方式来理解生命、理解生活，多了一扇窗户来欣赏真善美，庆幸自己在逐渐忙碌的成人生活中，可以在一方书页中感受童真、感受纯然的轻松、感受时光流逝中的永恒……

收到天月的留言，小梅花教室幸福而温馨的日子，不断在我的脑海中回放。社科院是天月梦想展翅的地方，天高地阔，愿她能乘着一本本书自由飞翔！

2023年9月，在中国政法大学就读的赛豪同学顺利保研到中国人民大学，其中一个原因是他在自己的公众号"每日小豪说"发表的高质量的时政新闻评说。入职新郑市外国语小学的慕若菡也注册了一个公众号，在上面书写自己带领初荷班发生的一个个故事。

我们要相信种子，相信岁月。

四、结语

我带了三届的小梅花班，十几年来，坚持点亮每个日子，呵护每个生命，用"梅文化""黄河文化""师生共读共写"等新教育课程创造了幸福完整的教育生活。孩子、老师、父母穿梭其中，共同生活，共同成长。每个孩子在这间教室里都体验到了成长的快乐和生命的尊严。

陶元红

特级教师,研究员,教育部统编版《道德与法治》教材核心编者,原重庆教科院德育研究中心主任。曾被教育部聘请为《品德与社会》课标组核心成员,2002年任人教版《品德与社会》教材分册主编。曾在基层学校工作15年,任过班主任和少先队总辅导员及学校教导主任,在教育科研部门从事中小学德育研究工作30年。编写《现代班主任工作指南》《班主任工作规范与技能》《现代小学德育课程研究》《走进心灵的教育:班主任工作优秀案例选编》等。

我的班主任工作故事及启示

年轻时的我,曾在重庆一个地处农村的九年制学校任老师。那个年代的青年教师,没有现在这么好的条件,在入职前和入职后可以接受很多培训。那时的我们,遇到问题更多的是向书本中的大师请教和自己多动脑子琢磨,再就是借鉴同行的一些好的做法。我心中一直有个教育格言:当老师如果不做班主任就失去了老师工作的意义。所以,年轻时的我,一直很想当班主任。当时我在学校负责音乐课教学,本来是没有机会做班主任的,但学校语文老师匮乏,领导觉得我这个爱好文学的青年还可以胜任语文课教学,便安排我任教初中班的语文课并兼任班主任。我终于实现了自己当班主任的愿望。在当班主任期间,我与学生之间发生了许多故事,其中有三个小故事让我印象深刻,它们既有启示也有教训。难能可贵的是,我还从中悟出了班主任的德育思想。

一、面对调皮捣蛋的学生

担任班主任期间,我碰到一个非常调皮好动的学生——魏某。他个子不高,皮肤黑黑的,上课不是摸摸这儿,就是踢踢那儿,或是和前后左右的同学说话,经常扰乱课堂纪律,有时下课后还和同学因纠纷而打架。我对他进行了多次批评教育，但他仍然不改正。有一次，他上课时坐在教室一角发出一种怪叫声。我实在压不住心中的怒火，走到他面前，想把他拉到讲台旁边站着。没想到，他反倒把我的手给抓伤了，这个伤疤至今还留在我的手上，成了我反思自己教育的印记。我多次对他进行批评和训斥都未见效果，只能向他的家长反映情况，要求家长加强对孩子的教育。每次家长对他进行教育后，他会变好一点，但几天后又会犯老毛病。这次事件我又告知了他家长。家长带着孩子到学校向我道歉，临走时，我再次叮嘱家长要加强对孩子的教育。这时，他爸爸很沉重地给我说："老师，你每次告知我孩子调皮后，我都要把他毒打一顿，他身上已经有很多伤疤了，我也没有更多的办法了！"看着家长无可奈何的样子和低沉伤感的话语，我猛然发现自己处理调皮学生的教育方式显得自己太无能了。我不能老向家长告状，可该怎么办呢？在困惑时，我读到了陶行知先生"四颗糖果的故事"。这个故事给了我启示，让我从中悟到了对待调皮捣蛋的学生不应老用训斥、告状等方式来教育，而应运用自己的教育智慧，平心静气，换位思考，以心换心，以情动情。有了这种认识，当他再在课堂上调皮捣蛋时，我不再严厉训斥，只是用眼睛瞪了他几眼，也没再通知家长。也许他犯错后，内心也有些忐忑不安，在他发现我没再向他父亲告状后，上课好像规矩些了。一次，学校外出活动时，他不小心把脚扭伤了。我上前亲切地问："痛吗？"他摇摇头。我说："回家后记得每天敷几次红花油，会好得快些。"从那以后，我发现他上课没那么捣蛋了，虽然时不时还是有点小调皮。我也控制着自己的情绪，在他调皮时只是提醒一下，不发火训斥，这种状态一直持续到他毕业。

毕业后，我与这个班的学生没多少联系，也就没太关注他们以后的发展情况。在重庆市教科院担任德育教研员后，有一次，我去一个区里给班主任做培训讲座。课间休息时，一位参加培训的班主任老师上前来问我："陶老师，你还认得我吗？"我摇摇头。她说："我以前是你的学生，现在也当老师了！"她说自己现在重庆郊区的一个农村小学做班主任，还说当年初中的同学偶尔会组织同学会。她说："陶老师，你知道我们同学会是谁买的单吗？是当年班上最调皮的那个小魏同学，他现在是老板了。"我听后很是感慨，当年那么调皮的一个孩子,没想到长大后还成才了。这件事让我感悟到,班上个别孩子多动、调皮是他们的一种成长状态,并不是品行差、能力弱,这些孩子需要班主任以包容、宽恕的心态去对待他们。教育就是一场马拉松式的长跑,一个调皮捣蛋孩子的转变,不是一朝一夕的事,也不是一时一会儿的事,教师要学会等待。如果我能再回到年轻时候,再重当一次班主任,一定会对那些调皮的学生多些包容,学会接纳有缺点的学生,善待每一个和自己生命相遇的学生。班主任对待成长中的调皮学生,应当多一分耐心,少一点急躁;多一点关爱,少一点冷漠;多一些鼓励,少一点训斥。学生在年少时的调皮捣蛋并不影响他成人后成为于社会、于国家有用的人。每个学生都是一座金矿,需要班主任去发掘;每个学生都是一棵成长中的树苗,需要老师的呵护和等待,帮助他们成为参天大树。

二、面对青春期的学生

教语文时,为了提高学生的写作能力,让学生多练笔,我倡导学生天天写日记。我对学生说:"你们可以在日记里倾诉自己的心里话,你们写的悄悄话,老师也一定会保密的。"

一天,班上一个男生在日记中说,自己喜欢上了一个女生,但他不敢和她打招呼,心里却总想和她待在一块;坐在床上看书时,字里行间也总看到她的一颦一笑;上课时,满脑子都是她的影子,根本听不清老师在讲什么。他说不知道该怎么办。

我觉得青春期的孩子对异性产生好感,是一种正常的心理现象。我们也经历过青春期,也对异性同学有过好感。苏联教育家苏霍姆林斯基曾说:"爱情的道义力量能使人变得高尚,养成最高贵的品质,如人道主义、同情心、敏感、对损害人的尊严的行为持不调和态度,以及为建立共同幸福(我的幸福和我心爱的人的幸福)而贡献出自己的精神力量的决心。"苏霍姆林斯基还说:"爱的情感是衡量道德的最灵敏、最精确的天平,这绝非言过其实。"

我觉得班主任对学生在青春期出现的对异性的好感和爱慕,不应该大惊小怪,如临大敌似的对待,只要他们之间的交往在一个正常范围内,就不应去干预。但这位男生每天脑海里都想着这位女生,学习和生活都受到了影响,我想,作为班主任,我应该干预一下了。我觉得应该先与这个男生谈谈心,但怎么谈才有效呢?我借鉴了别的老师跟学生谈心的经验,注意了场景和时间的选择,巧用比喻与共情效应。

我选择在一个晚上邀请这位男生一起到外面去散步。

我指了指天上的月亮问:"漂亮吗?"男生点点头。"你会去摘下来吗?"他摇摇头。我说:"摘下来就不是月亮了,她会失去光亮和芬芳。如果到月球上去看月亮,会有什么不同呢?"我等了一小会儿,接着说:"你会发现月球上满是坑坑洼洼,就像一个满脸长斑的女孩。"男生问:"老师,你是想说距离产生美,对吗?"我点点头。"老师,你还想说美好的感情要留在心里,不一定要说出来,不一定非要做什么,对吗?"我又点点头。"可是老师,我是个坏孩子吗?"他问。"当然不是。孩子,它唯一能证明的是:你在长大,已经具备了朦胧的审美能力。她的身上确实有吸引人的因素,比如文雅、善良、有才情、温柔和羞怯等融为一体的气质。连老师都很喜欢她呢!"我回答道。"你也很喜欢她?!"他惊喜地问我。我肯定地点点头,说:"试试自己调整,好吗?"他用力点点头。

几个星期过去,期末考试了,他考得很棒。他在日记中写道:"我已经能够正视我心中的月亮了。老师说得对,月亮既然如此美好,就让她挂在天上,让她静静地洒下自己的光辉。沐浴在她光辉中的人,反而幸福宁静。谢谢你,老师。这是我青春的秘密,一定要保密噢!"

多年后,这个男生也成家立业了,他的妻子就是他当年爱慕的那位女生。听说他俩毕业参加工作后,谈了一场轰轰烈烈的恋爱,现在家庭、生活很幸福,孩子也在健康成长。我为他们感到高兴。由此我想到,学生的情感从萌发到成熟的过程,其实就像一年的四季,要遵循一定的生长规律:在冬季休眠,积累能量;在春季扎根,耐住寂寞;在夏季生长,守住繁华;在秋季结果,收获美好。冬季和春季就是人生的学生时代,情感要休眠,积累能量,耐住寂寞,保持友谊;夏季和秋季就是成年后的美好青春时代,自然生长,友情发展,开花结果,收获美好。学生成长的人生四季,各有使命,不可逾越。

后来，我调到市级教研部门担任德育教研员。曾经的班主任工作经历，让我对班主任工作始终有着剪不断的情怀和研究的热情，我常与一线的班主任交流班主任工作。一次，在重庆谢家湾小学六年级的班主任交流会上，他们提出了这样几个问题："班上男女生交往时不能掌握合理的尺度，有的学生对异性过度向往，有的对异性过度疏远，应该如何引导？""男女生交往特别容易遭到其他同学的关注和议论，该怎么办？""面对青春期孩子的异性交往，如何与家庭形成合力？"

因过去当班主任时遇到过类似的问题，再加上从事专门研究工作后更深入研究和思考了学生青春期的教育问题，我的意见是：青春期是一个特殊而敏感的时期，也是学生情感的爆发期，班主任首先要有正确的异性交往观念。小学六年级的学生刚步入青春期，他们的性意识开始觉醒，对异性有一种特殊的向往和萌动，这是孩子们在这一阶段所具有的正常心理现象，老师们应当以一种平常的心来对待，不必反应过度，也不要横加干涉。要认识到男生女生正常交往是有好处的，有利于取长补短，如女生形象思维好，男生抽象思维好；男生的思维往往比女生离奇且大胆，女生的思维比男生丰富、细腻，班上的男女生对同一个问题进行讨论分析时可以发现自己思维上的不足，从对方那里得到启发。班主任老师可创设一些男生和女生共同参与的活动，让学生对异性的好奇心得到满足，促进学生的心智成长。其次，要引导学生懂得男生女生交往的方法，应做到自然大方、有礼有节，懂得尊重异性。男生女生交往还要把握一定的分寸和尺度，不能过度亲密，也不要单独交往。最后，班主任要通过集体教育和个别教育来引导学生的异性交往，如通过微班会和主题班会来引导学生懂得如何进行正常和适度的异性交往。如果发现学生有过度的、超越界限的交往情况，可对学生进行个别的交流和引导。无论老师还是家长，都应对青春期学生产生的正常心理现象给予理解与尊重，对情窦初开的青春期学生产生的美好情愫给予保护。同时，要教给学生一些与异性交往的方法。还要通过家校合作，让家长也懂得这些道理，掌握正确的教育方法，不要对青春期爱的萌动横加指责和干涉，让孩子们自然而然地、健健康康地度过自己人生最美好的时期。

三、守纪律带来的思考

记得一个暑假里，我受聘担任重庆市小学生夏令营的辅导员。学生在重庆美丽的长寿湖畔野营、垂钓，开展竞赛活动。一天活动结束后，我带的几十个学生集合听我做当天的活动总结。由于自己当时全神贯注地讲话，所以没感觉到有什么异常情况发生。可当天傍晚，我突然感觉自己的小腿很不舒服，发痒发红，第二天早晨，它肿胀得完全无法动弹。营地的医生看了后，说是被牛蚊子叮咬了。我只好跛着脚，把自己不能参加当天活动的原因告诉学生。这时，一个女生走到我面前说："陶老师，昨天牛蚊子咬你小腿时，我看见了！"我问："你当时为什么没立即告诉我呢？"她说："你不是让我们学习邱少云遵守纪律，集合排队时不能乱动吗？"听了这话，我一下子不知该怎么回答了。

学生出去活动后，我留在营地，女孩的话在我脑海里久久萦绕。我反问自己：我们的德育是否把学生教育得太机械、太死板了？德育不应该只让学生记住一些正确的概念、观点和英雄的事迹，也需要教育学生具有道德智慧，让学生学会科学的思维方式和灵活地处理问题的方式。比如，当我们教育学生诚实时，应该让学生懂得对坏人可以说谎；当我们教育学生做好事时，要考虑对方是否需要帮助，要尊重对方；当我们教育学生与坏人做斗争时，要教育学生学会机智应对，把保护自己放在首位。学校德育在提高学生思想道德水平的同时，必须培养学生的道德智慧。道德智慧就是引导学生将道德规范合理用于道德生活的能力，它包括道德的感知能力和敏锐性、道德的选择能力和判断能力、道德的评价能力和决策能力等。

四、感悟：做一个"真教育人"

我所经历的班主任工作故事和从事多年的德育研究工作，让我对班主任的使命有了更清楚的认识。新时期班主任要以立德树人为根本任务，培养"有理想、有本领、有担当"的时代新人。要完成这个使命，班主任必须坚守教育的初心，把握教育的本质，遵循育人的规律，努力做"真教育人"，让德育真正润泽学生的心灵。

"真教育人"要求班主任对自己的工作满怀真挚的情感，坚守教育初心。今天的中国正处于中国特色社会主义建设的新时代，处于世界百年之大变局的关键历史时期。在世界大变迁、国家大发展的过程中，社会上追求功利和浮躁的风气对中小学校园产生了一定的影响，学校出现了许多教育"异化"现象："升学竞赛"使学生过度学习现象时有发生；"安全第一"限制着学校的校外实践活动，阻碍了学生与社会和大自然的近距离接触——很多城市的学生甚至没有与自然界接触的经验，不认识田间农作物的长相，对社会中各种职业缺少认识；各级各类行政机构频繁地对学校"检查评估"，使班主任经常忙于为学校迎接检查而填写各种各样的表格。面对教育的"异化"现象，面对立德树人根本任务，21世纪的班主任要有清廉的思想准备，耐得住寂寞，抗得住潮流，识得了经纬。义务教育阶段为人的一生健康成长奠基，需要班主任肩负社会的责任感和历史的使命感，用自己的情怀和心血去浇灌。在现实生活中，我们看到很多优秀的班主任在职业初期的境遇并不好，如魏书生和任小艾，他们最初工作的学校条件都很差，但他们有一个共同点，就是拥有教育的理想和情怀，具有乐观向上的心态、强烈的进取心和创新意识，宠辱不惊、淡定从容。班主任只有具备了高尚的情操、宏大的胸怀、文化的气质、敏锐的思想、求知的情结、教育的智慧，才能体会到做班主任的光荣和崇高，体会到做班主任的幸福与乐趣，才能坚守教育的初心，当好人类灵魂的工程师，做好人类文明的传播者，热爱班主任工作。

"真教育人"要求班主任努力让教育彰显"育人"的本质。教育的本质是"育人"，立德树人的核心是"树人"，促进人的发展。霍懋征老师说："教育教育，为育而教，不是为教而育。"由此可见，班主任一定要将引导学生"学会做人"作为教育的出发点和归宿。做一个什么样的人呢？首先，是引导学生做一个"有德"之人。教育是道德的事业。杜威说："道德是教育的最高和最终的目的。"班主任要引导学生做一个能感知真善美、具有是非判断能力的"真人"和

"善人"。"真人"是指对人坦诚、真挚，心地阳光，说到做到，讲信用，讲文明，明辨是非，在大是大非面前能进行正确的价值判断；"善人"是指有良知，有同情心，待人友好和善，乐于助人，有公益心和服务意识，对家人、工作、社会有责任感。其次，是引导学生做一个"有志"之人，即从小树立目标，拥有理想和志向。理想志向是人生的坐标，是一个人前进的动力和方向。学生只有明确了自己人生的目标和发展方向，有梦想，有追求，才有高远的志向，才能将个人的理想与国家富强、民族复兴、人民幸福相连接，为实现中华民族伟大复兴的中国梦奉献自己的热血、智慧和才干。再次，是引导学生做一个"有能"之人。21世纪是人才竞争和科技竞争的世纪，"知识就是力量"，班主任要引导学生热爱学习，渴望求知，勤于思考，炼就本领。班主任特别要注重培养学生的阅读兴趣与习惯，要求学生每天阅读课外书至少半小时，让学生拥有丰富的知识。同时，班主任要引导学生实践创新，练就过硬的本领，成为有知识、有本领、会创造的能人。最后，是引导学生做一个"守规"之人。没有规矩不成方圆，建设法治社会是我国当前乃至以后的宏伟目标。法治社会需要学生具有规则意识、权利意识和义务意识。班主任要创造按规行事的班级文化，让每个学生明确自己在班级中的权利和义务，通过实施"班级公约"及奖惩制度，培养学生的契约精神，帮助学生养成遇事找法、解决问题靠法的思维方式和行为习惯。

"真教育人"要求班主任对学生的教育遵循育人的规律。

一是教育要遵循学生的成长特点。人的发展是有阶段性的，学生在不同的年龄段，思维能力、认识能力、心理发育上存在着一定的差异性，具有不同的敏感期。面对不同的教育任务，班主任应根据学生年龄特点，实施不同内容和形式的班级德育，不可将低年段儿童教育成人化，也不可将青少年教育低幼化，要将班主任的德育工作建立在科学的基础上。

二是要把握学生的思想脉络，对教育的热点问题和前沿问题有敏锐的思考。今天的学生是在互联网环境下成长起来的新一代，他们思维活跃，思想丰富。班主任如何积极认真地引导，提高他们的思想觉悟，帮助他们逐步树立正确的人生观和世界观呢？这就需要班主任对社会、对人生、对教育前沿问题有敏锐的思考。如果班主任只是套用一些"教条"来应对学生活跃的思想认识，学生对老师的话语只能表面接受，内心却不会认同。班主任只有与时俱进地把握社会的前沿动态，对社会问题有着敏锐的思考和洞察力，以科学的眼光看待当今世界和社会中的问题，引导学生分析问题既有世界的眼光，又有家国情怀，更有敏锐的判断、与时俱进的思考，才能达到教育的创新，帮助学生提高认识社会和世界的能力。

三是要注重学生主体性的发挥，促进学生的自我教育。苏霍姆林斯基说："只有能够激发学生去进行自我教育的教育，才是真正的教育。"教育是外在教育与内在教育的统一，任何教育如果没有学生主体自觉、自愿参与，是不可能取得好的效果的。班主任的作用是引导学生上路，让他们明确自己发展的方向和努力的目标，所以，班主任应为学生搭建自我教育的平台和创造自我教育的环境。比如，设立多种班级管理岗位，让学生承担班级管理任务；让学生参与策划与设计主题班会，并担任主持、制作课件等；让学生自己动手动脑建设班级文化，展示才华；让学生讨论制定班级制度等。

四是要给予学生深厚的人文关怀。陶行知先生说："真教育是心心相印的活动，唯独从心里发出来，才能打到心里去！"每个学生都是有思想、有情感、充满生机和活力的个体，因此，班主任要能超越功利观念，重视学生生命层次的本质需求，给予学生人文关怀。人文关怀不仅仅是班主任的个人品质和素养，更是一种师生平等的生活状态。班主任对学生的人文关怀体现在对班上所有学生的关爱和尊重上，尤其是对调皮捣蛋、成绩不好的学生。成长中的学生难免会存在这样或那样的缺点和错误，班主任要能走进学生的心灵深处，与学生交流时学会换位思考，才能使学生对自己敞开心怀。给学生人文关怀，实际上就是师爱的流露与付出的过程，是师生心灵沟通的过程。一个具有人文素养和人文情怀的班主任，才能走进学生的心灵，才会让学生"亲其师，信其道"。

王卫明

上海市松江区仓桥学校正高级教师，上海市中小学德育研究协会班主任专业委员会副秘书长，上海市德育特级教师，全国模范教师，全国中小学优秀班主任，上海市教育系统十佳班主任标兵，上海市中小学班主任工作室带头人（第一期和第二期），上海市松江区领军人才和政府津贴享受人员。出版专著《班级激励》《重塑班级》《更好地与家长合作》，主编《云间父母修炼手册（初中版）》等。

做心灵成长的伴行者

我踏上教育工作岗位的第一年就担任了班主任,从一年级到九年级,至今已经30多年了。其间,有两个问题一直萦绕在我的脑海中:学生是谁?我是谁?我曾向书寻找过答案,曾请教过专家学者,也曾在班级实践中思考过……发现自己不同时期有不同的认识。现在,与大家分享我对于班主任角色的认识。

学生是谁?学生是成长中的人。成长不仅意味着身体的自然生长,更重要的是促进心理的良好发展,身心合一,健康成长。

班主任是谁?从心理辅导的角度来说,班主任是心灵成长的伴行者。心灵成长是指班主任努力建设激励型班级氛围,让学生在班级生活中参与、体验和感悟,唤醒学生成长的内驱力,助力学生走向自我成长。伴行,不是班主任在前牵引,也不是班主任在后督行,而是肩并肩、手牵手的平行共进与陪伴相助,助学生成长,助学生自助。

2009年颁布的《中小学班主任工作规定》明确指出:"班主任是中小学日常思想道德教育和学生管理工作的主要实施者,是中小学生健康成长的引领者,班主任要努力成为中小学生的人生导师。"我认为,"人生导师"中的"导"包含了学业教导、行为指导、思想引导、心理辅导等,班主任要努力成为中小学生的心灵导师。

一、从心出发，向心而行

班级是梦想开始的地方。从心出发，向心而行，意思是遵从纯真童心和教育初心，朝着梦想的方向开启心灵之旅。

2012年9月，欢送"95后"的九年级毕业生后，我又"回头"带六年级新班了。六年级新生正好都是2000年后出生的学生，妥妥的"00后"。

有一天，午会课上，我与学生商量班级每日主题活动。说是商量，但因我早有计划，想着就是走个过场罢了。谁知，当我刚把酝酿好久的想法说出后，就招来了一片"反对声"：

"这个活动跟小学里的很像，已经玩过了。"

"老师，我们不要总是待在教室里，到外面去……"

"老师，我们玩游戏吧。"

"老师，我们自由组合，行吗？"

强压是不行的，于是我说："那你们出个主意吧。"民主的结果是"七人八主张"。原本以为一节午会课就能搞定的事情却用了一个星期里所有的午会课，到最后仍没结果。最后，我决定用投票的方式来确定，但有的"00后"仍然不同意。后来，我们协商：有些活动或安排在后面进行，或仍需加以完善，或用其他形式展示……与"00后"打交道真是累啊，好在午会课天天有事商量，也不算虚度。

"00后"和"95后"真的很不一样："95后"在班级里表演唱歌的不多，乐感差点的还死活不肯唱；"00后"却非常踊跃，他们好像人人天赋异禀，轮到自己唱的时候，就打开教室里的电脑放配乐，有的声音很轻，有的干脆走音，但他们在讲台前自娱自乐，不害羞。唱歌水平虽然不咋地，班级气氛却很热闹，作为班主任，我也别无所求了。

四年不是一个简单的轮回，昨日的经验不能简单复制，需要常教常新。我也顺势而变，将"定计于胸"改为"问计于生"。我不再留恋权威的快速作用，因为"定计于胸"的权威会遭遇不同形式的"抵抗"。"问计于生"，心之所想，学生所喜欢的，一定会产生积极作用，民主的种子一旦播下就会茁壮成长。"问计于生"，也就是说，教师要基于学生成长的需求，通过不断满足他们的成长需求，从而催生新的成长需求，心灵的脚步也就不断前行。

二、心有灵犀，陪伴助行

陪伴相助是学生成长的天梯，相信每个学生都有潜能，相信每个学生都有真善美的心灵。不论学生是聪慧的还是迟钝的，调皮的还是听话的，一句亲切的问候，一个无声的微笑，一道柔和的目光，一个轻轻的抚慰……无不能拨动学生的心弦，从而奏出和谐的心灵奏鸣曲。

班上有个女生拿着市级三等奖的作文奖状却闷闷不乐，原因是班中还有人得了市级二等奖。她刚转到我班时，成绩平平，也没有发现什么出众之处。但她后来对语文逐渐表现出浓厚的兴趣，我也特意抽空指点了一下。她在写作方面有了较大的提高，其他学科成绩也逐渐上升。可是，现在的相对挫折感使她开始对自己的能力产生了怀疑，对自己的希望目标产生了动摇。我试着找她谈话："老师祝贺你得奖，得到市级三等奖已经很好了。"她淡淡地回了一声"谢谢"，我的话似乎对她没有什么效果。

有一次，我发现她的一篇作文写得很好，就在作文课上进行朗读，并脱口而出说她是班上的"才女"。学生们也跟着我这样称呼她，她也慢慢认可了。说来也怪，这个称呼似乎具有魔力。她像换了个人似的，一直开开心心的，即使后来升入高中，也非常优秀。看来，当学生的自信心发生动摇时，仅仅语言的肯定是不够的，还需要用他们的成功事例来证明他们的能力，才会使学生找到自信。

但如果无法点醒，该怎么办？转变一个学生不乏其例，如果想要转变一个群体，又该如何？在小学和初中阶段，晚熟的男孩就是一个较大的需要点醒的群体。

2007年教师节，我收到了一张贺卡。贺卡上贴了两张照片，一张是小学时稚气未脱的小男孩，一张是帅气十足的小青年。独具个性的字写满了整张贺卡：

王老师，您还记得我吗？记得有一次，您在课堂上把我叫起来回答问题，让我大声再大声，一遍又一遍地重复回答。是您使我学会了如何克服胆小，我在您身上学到了很多，感受到了您的人格魅力！您——是我最敬爱的老师！我很思念您，也很感激您。您不会只看到学生身上的缺点，您努力地在无形中改变着每一个学生……我考上了一所中专，没有考入高中，挺遗憾的。但是我基础不好，所以也甘心地在中专读书。现在我20岁了，长大了，明白我走的是一条什么路。我要走好这条路，不管以后怎样，认真踏实是永远不变的……

这份礼物真的是一份意外惊喜！我的欣喜、欣慰之情不言而喻。我几乎不曾主动回忆起这位学生，师生分别八年后，他却想到在特殊的日子——教师节，送给我一份真挚的礼物。

里面最触动我的一句话是："您不会只看到学生身上的缺点，您努力地在无形中改变着每一个学生……"换句话说，班主任不能只盯着学生的缺点，更要去发现学生身上的积极力量。

从积极的视角看，我们会发现：男孩是活泼的，班级是充满热情的。男生人多，班级中阳刚之气就足；男生晚熟，就给了我们实施教育影响更多的时间和可能；一些男生好动，那是男生的天性，班级中会多一份活泼；有的男生常闯祸，要知道挫折、磨难、失败都是难觅的教育契机……换个视角看男生，就会改变对男生的刻板印象。其实，改变的不仅仅是视角，还有我们对男生的教育观念，更有我们的教育言行和男生的人生轨迹。

三、心之挑战，相伴前行

班主任的相伴相随是对教育最长情的告白，尤其是当学生遭遇泥泞和坎坷时。每个学生的心灵都是一个神秘的"黑匣子"，我们不仅要有破译心灵之锁的密码，还需掌握开启心灵之锁的技巧。

有一年，我在所带的班级设计了"21天自我挑战训练营"心理辅导活动，引导学生从自我实际出发，选择一个具体的需要改进的目标，设计积极的内部语言，从而进行自我鼓励，向自己发起21天的行为挑战。活动要求先每天进行自我考核，可以邀请自己信任的人来监督，结束时接受老师、同学或家长的考核；考核通过后，会颁发挑战成功证书；21天的行为挑战必须连续进行，如果某一天没做到，就要从头再来。

班上的一个女生小敏引起了我的关注。除去她前后的变化，还有一个原因是她来自一个特殊的家庭。她的父母均进过监狱，两人自结婚起就属于无业人员，靠低保费生活，一个是"酒鬼"，一个是"混混"。小敏也曾精神萎靡不振，作业经常拖拉不交，甚至有几次不到校上课的现象。

在小组干预时，小敏的目标是：每天按时到校上课。小敏告诉我，因为爸爸常酗酒发酒疯，妈妈半夜不归，使得她没有一个很好的休息环境，多数情况下还要为他们担心，在家中没有安全感，上学迟到或没来都是在这样的情况下发生的。通过干预辅导，小敏觉得自己有能力和决心做到上学不迟到。第三天，踏着早上上课铃声，小敏急急忙忙跑进了教室，眼眶里充满着泪水。课后，她告诉我：昨晚父亲喝多了闹事，今早她怎么也起不来。随后，我又引导她思考在缺乏家庭成员支持的情况下，有哪些办法让自己做到上学不迟到。她想到了与同学一起上学等办法（以前都是父亲送）。第四天，她靠闹钟催醒自己，班里几个离她家近的女孩还经常等着她一起走。十多天过去了，小敏坚持每天按时到校上课。"老师，上学是我自己的事。"话语中透出了她能战胜困难的自豪。挑战记录本上的一张张笑脸激活了小敏的抗逆力，她时不时地拿出记录本与同学分享喜悦。小敏终于完成了挑战任务。当她得知自己是完成目标任务的第一人时，兴奋地举起手臂，大叫"耶"。

在第二轮干预时，小敏的目标是：每天按时上交作业。我知道，小敏由于长期不完成作业，经常受到老师的批评、同学的冷落，学习成绩也不好。老师的责怪、同学的不认可，又使小敏对学习提不起劲。正是这种恶性循环，导致小敏不断否定自己，把自己当作最大的敌人，看不到自己学习上的进步。小敏明白不按时交作业是她存在的缺点，唯有改正这个缺点，才能在他人面前抬起头，被同学和老师认可。小敏在摆正与自我的关系后，又主动请教同学。凭借着被激发的内部积极力量，21天内，小敏每天都按时上交作业。经历了两次实现目标的过程，小敏身上的抗逆力逐步提升。我对她爸爸说："孩子进步很快，要表扬，而你们没有改变，要批评。"或许是因为小敏个体抗逆力的增强，她的家庭的抗逆力也得到提升。

每个人都有抗逆力，也许被唤醒，也许被埋没，逆境与压力是帮助个体唤醒抗逆力、展示潜能的外在条件。"21天自我挑战训练营"既有个体自我目标实现的挑战压力，也有班级同伴间互相竞争的挑战压力（谁先完成挑战任务）。激活抗逆力也就激活了生命潜能，学生会积极应对挑战，体验每天过关的喜悦，更能促使抗逆力的提升。

四、心灵对话，结伴共行

心灵对话，是一次心灵与心灵的相遇，是一座架在心灵之间的桥梁，是一种生活阅历的接轨，是一种心灵最近距离的互动，是一种有意义的思想辨析……心灵对话，因生成而真实，因无痕而美丽，因情趣而生动，因时效而活泼。

我曾在午会课、十分钟队会、班队主题课中开设了"QQ聊天室"。聊天情境如下：

主持人："QQ聊天室"现在开始，今天的主题是"生日"。

主持人：首先，我们做个小调查。请知道父母生日的同学举手。

主持人：啊，我们班级里孝子孝女真多！请问，大家是怎么牢牢记住父母生日的？我来采访一下各位同学。

生：我每年过生日时，就问了爸爸妈妈的，所以知道了。

生：爸爸妈妈自己过生日，就请我吃一顿……

（学生哄堂大笑。）

生：我们家每年都会给所有人过生日……

……

主持人：请知道爷爷奶奶生日的同学举手。

（举手人数明显减少。）

主持人：我们的生日，也是妈妈的受难日。请给妈妈送过生日礼物的同学举手。

主持人：请问送了什么礼物？为什么要送这个礼物呢？

生：我用压岁钱买了一支口红……让妈妈打扮打扮。

（学生哄堂大笑。）

生：我记得在小时候送给妈妈一张自己画的画。

（学生交头接耳，私下交流。）

生：妈妈生日那天，由我洗碗……

……

师：在我们长大的日日夜夜里，父母倾注了无数的心血，还有爷爷奶奶、老师……我们要常怀一颗感恩之心。感恩的方式是多种多样的，比如，大家要认真学习，不让长辈操心；说一句问候的话；选择一样家务做……

主持人：谢谢老师！短短的聊天又结束了，我们下次聊天的主题是"超级女生"。下次再会！

从上述聊天情境可以知道，"QQ聊天"不是日常生活中随意的、漫无目的的"聊天"，而是采用大家熟知的、容易理解的、可以接受的一种谈话方式、一种交流平台，使学生在对话中感知、在对话中理解、在对话中提升。这是一种积极获取有益信息、主动建构自我思想道德意识的过程，是一种有意义的对话。这种对话不只是知识、能力上的，也不只是态度、情感上的，而是整个心灵上的。这种有意义的对话，就是营造一个宽松和谐、可以畅所欲言的心理氛围，让学生自主选择兴趣集中的话题，师生、生生之间自由交流、讨论。在这个过程中，教师要善于捕捉学生的思想观点、舆论方向，适时加以指导、引导、疏导，从而进行思想道德教育。其中包含"三自"对话原则，即自然的氛围、自主的选择、自由的对话。

以"QQ聊天"的形式进行心灵对话，我首先体会到这种教育活动的最大优点是能引起学生的共鸣。学生有话可说，并且愿意敞开心扉说，教师就可以对症下药。其次，话题是自然生成的，教师无须做大量的准备，学生也无须排练，简约而有效。"聊天式"的有意义对话相对原来以教师为中心的告诫式、教训式等说教方法，其优点是显而易见的。

五、心求共识，同向同行

遇到分歧，寻求共识，不是班主任单方面的决定，也不是举手表决让少数服从多数，而是让每一个学生自由选择"赞成"或"反对"的观点，并在班会中提供自己的论据，阐述理由，以相互交流、谋求理解、形成规范、达成共识为目的。

我发现班级里很多学生爱喝饮料，有的还喝咖啡、奶茶。我问："为什么喝饮料？"学生答："饮料不是零食哦。"我明白学生的言下之意：我们没有违反校规，不能管我们。确实，校规中没有规定不许学生喝饮料。我特地上网去搜索"饮料是零食吗"，网上的意见主要有以下几种：

◎零食指的是正常饭食之外的零星小吃，所以饮料不算。但是，如果你想知道饮料是否会和零食一样让人发胖，那是肯定的。

◎不算，零食应该是那种可以垫肚子的食物，液体饮料怎么能算得上呢？

◎不一定，看情况。碳酸饮料含有大量的热量，但有的动能饮料含有一些微量元素，喝了不一定会使人长胖。

◎也算吧，尤其是碳酸饮料，多喝不但容易胖，里面的成分对身体也有害。

◎是的，喝饮料会更胖，所以最好少吃零食和甜食。

网上的答案不一，怎么办？考虑到多喝饮料对身体健康不利，尤其是对还处在长身体阶段的初中生，我决定利用午会课先调查班级里喝饮料与不喝饮料的人数，结果各占一半。然后调查没有带饮料到教室的原因和人数，调查结果显示：父母不允许是主要原因，占70%。其次是没零钱和家里没有饮料，各占40%（多选的原因）。最后调查"在教室该不该喝饮料"，认为"不该喝"的占总人数的25%。学生给出的理由是：

◎多喝饮料会发胖，我不想"横向"发展。
◎喝饮料不解渴。口干喝饮料的时候蛮舒服的，可是喝完了嘴巴会不舒服，黏黏的。
◎拿着饮料瓶喝，像小孩子喝奶瓶，我又不是小孩子。
◎女孩子爱苗条。
◎饮料洒了后，桌子上会很黏。
◎有人在课上偷喝……
◎喝白开水最好，电视上说的。
◎饮料中含有色素，还有防腐剂，多喝对身体不好。
◎多喝碳酸饮料容易让人发胖。
◎新闻上说，有个整天爱喝饮料和牛奶的青年人去验血，结果抽出了"牛奶血"，和一般人的血不一样，像牛奶，吓死人了……
◎贪嘴，贪吃，可悲呀！

短短的午会课马上就结束了，我没有发表任何意见，只说了一句："听了同学们的发言，你现在的想法怎么样？下课。"随后几天，教室里的饮料越来越少，最后竟看不见了。一周后，我在午会课上再次做调查，发现好几个同学在书包里藏着饮料，有三个同学承认还在喝饮料，其中两个同学喝了三瓶，一个同学在星期四喝了一瓶。

遇到分歧时，班主任强行禁止和硬性规定的作用是有限的，其不利之处在于：学生被动接受，不会因为道理正确而马上理解，长此以往会导致学生分析问题和解决问题的能力明显缺失，班级的生机和活力会逐渐压抑和黯淡。就像对于饮料，即使学生在班级里不喝，但在家呢？所以要将"以班主任为中心"转为"以学生为中心"，即班主任要从居高临下的权威走向民主平等，引导学生自己去分析问题，寻找原因，发现答案。

六、以心激励，重新出发

班级是一个生命的激励场，生命的每一天都是新的开始。拨动每一颗童心的心弦，唤醒成长的自觉，插上一对由自尊与自信组成的隐形翅膀，从新的起点再次昂首出发，未来可期。

我遇到过这样一个问题：冠军班级怎么带？是随遇而安，安逸于目前的现状，等待学生自然成长……是保成守旧，满足于已有的成绩，平平安安过渡……还是继续提升？但提升点又在何处？

有一次，学校运动会又要开始了，我们班已经获得两次冠军，再次夺冠的几率很大，甚至可以说稳赢。

作为班主任，我想象中的场景是这样的：班级里一片欢腾，男女生都踊跃报名、摩拳擦掌、跃跃欲试……这一点毋庸置疑，我们班男女生选手的实力强大，还有我的鼓劲，这样的场景再熟悉不过了。

午会课上，我兴奋地发出来动员令："运动会又要开始啦！冠军将再次属于我们，请大家……"火一样的热情，面对的是冰一样的场景：学生们波澜不惊，只有少数几个学生看着我，大部分心不在焉，"哦""知道了"……学生们淡淡地回应着。天啊，这与我的预想大相径庭。

"我们班有很大的机会得冠军，你们不愿意还是不高兴？"我问。

"冠军拿得手都酸了，也就这样，没什么……"

"老师，稳拿冠军，没什么可兴奋的。"

还没有比赛，结果就可以预料。运动会的冠军已经毫无悬念，活动也失去了吸引力，怎么办？

问题出在哪儿？我一边听着学生懒洋洋的絮絮叨叨，一边开始紧张地思考：运动会的意义就在于"夺冠"吗？也许竞技场上是这样，难道班级开展体育活动的价值也仅在于此吗？

"有谁能告诉我，奥运会的口号是什么？"我问。

"更快、更高、更强。"有学生回答。

"这个谁不知道！"

"谁能说一说奥运会口号的含义是什么？"我继续问。

"这句话的意思好像是说，在体育赛场上，不怕对手，要勇于比赛，创造更好的成绩。"有学生答。

"是吗？"我接着问。

"是——"班级里的附和声稀稀落落。

"恭喜你，答得很好！这短短的六个字表达了奥林匹克运动不断进取、永不满足的奋斗精神。""不断进取、永不满足、奋斗精神"这三个词语，我一字一顿地说，还提高了音量。"可是，大家还是只知其一，不知其二。刚才这位同学的回答只是针对体育比赛而言的，难道体育比赛的意义只是争夺冠军吗？对于我们每个人又有什么启示呢？其实，更快、更高、更强，也是指对自己永不满足，不断地战胜自己，向新的极限挑战。不仅如此，这句话还鼓励人们应该在自己生活的各个方面不断地超越自我，不断地更新，永远保持勃勃的朝气。"

班级里一片安静，不少学生坐正了身姿。我的话恰如一颗小石子投进了原本波澜不惊的水面，泛起了涟漪……

"上次运动会，我们班级比亚军多几分？"我问。

"不记得了……"

"十几分吧……"

"好像差距也不大……"

"我们要提高冠军的含金量,多拿分数,与亚军拉大分数的差距,怎么样?"我扫视了一下全班。

"就是,就是。""哈哈……""好啊!""行!"……教室里出现了一阵喧闹。学生们总算提起了劲头。

"接下去,我们要确保夺分项目不丢分,弱势项目怎么能再多得一点分数?大家说说看。"我说。

"女子跳高只得了第三名,要派一个厉害的女生参加,还要练习……"

"男子一百米参加人数只要两个就行,四个人参加无疑是窝里斗,我去参加男子跳远,夺个第二、第三名……"

"后勤组的同学要照顾好运动员,帮他们拿衣服……"

"宣传组的同学要写好稿子……"

同学们纷纷贡献了自己的想法。

运动会上,我们班不仅保住了优势项目,而且在弱势项目上也取得了一些进步,与第二名的成绩又拉开了不小的分数差距。

夺冠没有悬念,夺冠的目标和要求失去了吸引力,也就没有了激励作用。我在了解了学生的想法后,提高了冠军的含金量,激起了学生的兴趣,调动了学生在原有基础上再突破的热情。夺冠的效应还在不断地扩展和深化:班级里的许多事务比以前做得好了,许多学生学习的积极性提高了……

这件事给了我至少四个方面的启示:其一,班级激励的起点是不断激发学生的成长需求,没有需求就无法激励,班主任的使命之一是陪伴学生穿越"最近发展区";其二,班级激励的目标要略高于学生现有的实际能力,低目标不会产生推动作用,目标过高又会使学生产生望而却步的畏难心理;其三,班级激励的最佳途径之一是和学生一起寻找解决问题的希望,希望不会自动出现,总是隐藏在问题的背后,往往给人以惊喜;其四,班级激励的关键是班主任要有不断打破班级现状的勇气和魄力,积极的想法和行动会催生实践的智慧。

这件事还引起了我的思考:每个班级的发展状况不一样,所遭遇的教育问题也不一样,因而班主任带班的策略和方法也不一样……虽然有太多的不一样,但是所有的班主任都面临同样的问题：如何为学生的人生导航？如何提升建班育人的层次？我想：班主任不能仅满足于自己带班时学生的当下状态，更要着眼于学生的终生发展，学生的当下状态理应成为其终生发展的坚实基础，但不能有损于后续发展；班级工作不能仅限于管理下的有序与规范，更要唤醒并促进学生心灵成长的自觉，让心灵诗意地栖居在班级生活中。

伴行的时间是有限的，心灵成长是无限的。陪孩子一起慢行，静听花开的声音；伴孩子一路同行，见证花儿的绽放；与全班一起前行，收获满园的芬芳。我并不能教给学生多少知识，但努力激发学生成长的动力；我并不追求班级评比的满堂红，但努力引导学生对班级的真心认同；我并不追求学生每次考试的成功，但努力唤起学生对知识的渴望和对学习的热爱。

从心出发，伴你同行；重新出发，拾级而上。班主任要做学生心灵成长的伴行者，一路繁花，一路风景。最后再分享一下我的教育格言：善待学生就是善待自己，成就学生就是成就自己。

吴小霞

全国知名班主任,中学语文高级教师,重庆市骨干教师,重庆北碚第四届教育高端人才培养对象,重庆兼善中学蔡家校区语文教研组长,重庆北碚教师语文学科研训基地负责人。获重庆市阅读指导课一等奖、重庆市教育教学案例特等奖。《班主任》《班主任之友》《中小学班主任》等刊物封面人物。语文教研案例曾被《人民教育》《中国教育报》等媒体报道,在《语文教学通讯》等刊物发表文章 80 余篇。出版《班主任微创意》《班主任小智慧》《叛逆期怎么管,孩子才会听》等著作。

终于懂一点点教育智慧了

我的班主任经历就像一段河流，有时是静水浅流，缓缓无声，有时是回环曲折，跌宕起伏。作为班主任，当我经历了长长的岁月，经历了数不清的磨难和挑战后，一切波澜壮阔的汹涌都归于风平浪静的恬淡。回首走过的历程，发现自己跌跌撞撞一路走来，留下的是歪歪斜斜的印记。在这串或深或浅的足迹中，我渐渐明白了教育的真谛，积攒了一个又一个教育的"小智慧"。

一、17岁的班主任

刚做班主任的时候，我带初中班。那年我 17 岁，一个自己都还是孩子的年龄，自然有些懵——第一天上班，我甚至害怕收学费，硬是拉着母亲跟我一起去收。当母亲在旁边帮我收学费时，人群中一个刺耳的声音响起："你能教好这帮娃吗？"那怀疑的眼神和挑衅的语气，如芒刺一般，透过脊梁，深深地扎进我的心里。我的脸一阵红一阵白，局促得不敢作声。更让我尴尬的是，已经报名我们班的学生，也纷纷从我的班级转入另外的班级。我的心被深深刺痛了。

于是，年轻的我暗下决心：一定要带出优秀的班集体，让大家信服！

目标有了，但是怎么实现这个目标呢？那时的我，只知道一个字：严！我以为对学生严格，就是负责任，就能理所当然地走向"优秀"。于是，孩子们迟到要被批评，作业没有做好要被惩罚……现在想想，真是汗颜，那时简直是"简单粗暴"，完全是缺乏智慧的表现。但是，那时的我还不懂何为智慧。

也许是我的运气足够好，也许是因为孩子们的思想都很单纯，班级在我的掌控下，秩序井然，活动拿了不少第一，期末成绩也是遥遥领先。

我沉浸在带出"纪律好，成绩好"的班就是好班主任的喜悦中，以为自己终于得到了大家的认可，可我完全没有注意到孩子们的眼中有恐惧在闪烁，他们唯唯诺诺，步步心惊，生活在恐惧之中。那时的我，居然没有意识到自己的"愚昧"！

二、遭遇滑铁卢

没多久，我就调离了原来的学校，开始在新学校担任高中班主任。很快，我那毫无技术含量、得心应手、"兢兢业业"的管理方式，遭遇了滑铁卢！

和初中生不同，有自我意识和思想的高中生大胆地向我提出质疑："老师，为什么班级就你一个人说了算？""老师，你的管理方式，我们不喜欢！"……

听到这样的话，我的内心有难以形容的震惊、委屈、茫然、痛苦、彷徨……我以为自己是呕心沥血、全情投入，自己都被感动了，可换来的却是孩子们的不认可，甚至是怨恨、抗拒！原来，我自以为对孩子的好，并不是他们想要的好、需要的好！我一直没有走进孩子们的心灵世界！

这次的冲突，让我开始反思自己的教育方式。我意识到，真正的教育，需要站在学生需要的角度，给学生最温暖的人性关怀，而不是教师自己划出一条道儿，强迫学生按照自己的意志走下去。

那么，学生需要的是什么呢？我想，他们需要的是帮助。比如，在犯错的时候，学生需要的不是我的责骂，而是告诉他们怎么去改正。学生需要的是尊严，教师要把学生放在一个平等的地位，去尊重他们。学生需要的是鼓励，在不够自信的时候，教师没有冷落，而是积极勉励他们。学生需要的是温柔，教育是柔软的艺术，教师要用体察入微的心态去轻柔地面对他们。学生需要的是自由，教师要做的不是把他们所有的空间填满，而是给他们足够的空间，让他们自由发挥。学生需要的是创造，冷冰冰的分数和死板机械的训练会扼杀他们内心的创造力，教师要不断地培养他们的创造性思维！

变"我想给的"为"他想要的"，仅仅是一步之遥，就会有天壤之别！想通了这一点，我暗自庆幸，感觉终于懂一点教育智慧了！

三、爱，是智慧的前提

教育，面对的是鲜活的个体。只有爱，才能让教育充满灵性！一个老师不管拥有多大的智慧，都需要用爱作为底色，才能让教育充满活力和生机。周国平说："人唯有自己做了父母，才能最大限度地回到孩子的世界。"所以，成为母亲，改变了我。

一个新生命的造访，叩开了一位母亲本能的、深深的爱和强大的情感能量。母亲内心的那份对孩子天然的爱，是人类最原始、最无私的爱。每个孩子都是父母的掌中宝，孩子承载了一个家庭生命的延续，更是一个家庭希望的延续。于是，我开始意识到：当家长把孩子交给我时，就是交给了我一个家庭。这份责任变得更加重大。我学会了用一个母亲的身份去爱学生，以一个家长的身份去理解教育。以前，看到学生犯错，我总认为必须惩罚，而现在，看到学生犯错，我知道那是他们成长的必经之路。犯错本就是正常的，这让孩子变得更加真实。于是，我越来越关注孩子的内心感受，更加懂得去尊重、理解、信任他们。

此时，成为母亲的我已经清醒地认识到：教师绝不能功利地爱学生。功利地爱，爱的是我们的面子，爱的是我们的业绩，爱的是我们自己，而学生会看得清清楚楚、明明白白。教师的爱应是无私的，她的心胸应是宽容的，她的眼神应是慈爱的；她看待孩子的错误，应是宽容的。

产假结束后，我接手了一个已经换了多个班主任的班级。这个班级，当时没有老师愿意接，于是校领导把这个任务交给了我。我走进班级，了解到班里有的孩子有抽烟、喝酒等不良嗜好。

班上的陈西（化名）是一个出了名的调皮孩子，上课扰乱纪律，因父母离异而无人管教。我真心把他当作自己的孩子。他冷了，我把丈夫的衣服找来；他没有生活费，我用自己的工资垫上。一次，陈西半夜发高烧，我知道他父母根本不可能来管，就亲自送他去医院。我至今还记得，当时外面下着瓢泼大雨，我带着他走在泥泞的小路上，鞋子浸泡在雨水中，一路电闪雷鸣，我居然没有感到害怕。现在想想，这背后推动我的，可能就是爱吧！就是这样点点滴滴的小细节，陈西感受到我对他真挚的关爱，慢慢地学会了控制自己，变得热爱班级、爱帮助同学，也学会了为班级服务。现在，陈西在一家工厂上班，厂里的同事都说陈西很爱帮助同事。每次碰到那个班的孩子，他们总会说，陈西经常说的一句话就是："我最感谢的人是吴老师，是她让我感受到了被关爱，是她帮助我走回人生正轨！"

外校留级生罗文（化名）转到我的班上了。这个女生长期抽烟、打架，性别意识模糊，以前的老师对她都束手无策。

面对这样的孩子，我决定攻心为上。后来，我推心置腹地跟罗文谈了大半夜。一个从来没有被老师感动过的孩子，终于感受到了我的真挚，她哭着说："老师，为了你，我也要重新开始！"

孩子毕竟是孩子，没几天就"旧病复发"了。我深知要改变一个人不可能一蹴而就，也不会一劳永逸，于是我开始不时地找她谈心交流。罗文有爱迟到的毛病，我便每天早上到寝室去提醒，风雨无阻。生活上，我更是倍加关心——当她生病时，我比谁都难受；当她犯错时，我比谁都痛心；当她进步时，我比谁都高兴。一次，她无意中顶撞了我，我淡淡一笑，说："我不和你计较，因为我是大人，你是小孩。"一句简单的话让罗文感动地哭了。

后来，她真的改变了，还考上了理想的大学。每年，她都会来看我，总是充满感激地说："是吴老师改变了我的一生。"

我的辛苦没有白费，我的努力得到了所有学生的认可和理解。在毕业的班会上，我们的主题是"请让我说声谢谢你，请让我说声对不起"。学生们一个个或爽快或迟疑地走上了讲台，表达了自己的心声："老师，我真的很感谢您，如果不是你，我可能走上了另外一条路。""老师，我知道您为我们付出了很多……""老师，谢谢您教会了我怎样做人。"……当孩子们流着泪诉说着对我的感激时，我的眼里也满含泪水。

如果说走进学生的心灵是教育智慧的第一步，那么爱应该是教育智慧的基本前提。因为爱，我们才能真正爱教育；因为会爱，我们才能生长出走进学生心灵的智慧；因为智慧地爱，我们才能触摸教育的真谛！

四、大胆放手胜过过度关注

后来，我再次接手了一个"问题班级"。管理这个班的难度比我想象中的还要大，为此，我付出了更多的时间与陪伴。我每天很早就去陪伴孩子们跑步，课间时和他们嬉戏玩耍，晚上和他们促膝谈心。我想通过这样的方式，让他们明白，我在以身作则，我能做到的他们也能做到。我更想这样真正地了解他们的思想动态，实现心灵的交流。

但是，这样的状态并没有持续太久我就累病了。这场病来得很突然，直到住进医院的那一刻，我的心都没放下：马上要举行红歌比赛了，我还没有给孩子们排练好呢；马上要半期考试了，我还没有带孩子们复习呢；雷洪昨天又没有完成作业，我还没来得及处理呢；年级组的半期考试还没有安排好呢；学校的家长会方案还没有做出来呢；复查学籍的事情还没有布置呢……但在生病面前，我也只能放下。

人往往在生病的时候，才能静静地思考自己：生病前，我总是担心这担心那，对于学生，我永远不放心；现在我住院了，不在的这段时间，不正好是锻炼他们自主管理能力的机会吗？于是，我大胆地做了一个决定，那就是在班级实行自主化管理：成立自管会、自我监督会，发放自主管理聘书。孩子们还成立了立法委员会，利用罗伯特规则制定班规，全班讨论，民主投票，集体执行……

当我转向幕后才发现，孩子们比我想象的能干得多——他们自己排练了节目。躺在病床上的我，听到孩子们在电话那头的倾诉——表演的现场，他们发自肺腑地喊出了"小霞加油，逐梦雄起"的口号——那一刻，拿着电话的我，任眼泪奔流。我可以想象，比赛现场，孩子们的心里也是翻江倒海，百感交集，那是我们内心汇聚的力量，是可以超越一切困难的力量！

当我大胆放手的时候，奇迹就这样发生了。孩子们真正把自己当成了班级的主人。大家召开了自主家长会——自己总结班级的情况。家长们在群里激动地赞叹着：从来不知道自己的孩子这么优秀！

这不得不让我反思：所有的教育活动和教育技巧都是"外围战"，当把孩子放到一个平等的位置，当我们从长辈变为朋友，那么，大胆地放手会永远胜过过度地关注！把不敢相信转化成充分信任，把不敢放手转变成勇敢松手，给学生成长的空间，他们会创生出无数美丽；给他们一个舞台，他们会还我们无数精彩！只有这样，我们的教育才更有意义！

五、原来教育智慧并不难

后来，我发现：自主管理，虽然解放了老师，可是，真正能让学生从他律到自律，从任务学习到自觉学习，从而生发出自我教育的力量，才是内驱、内生、内化的能量。但这需要文化的潜移默化、精神的滋生勃发、个性的因势利导。

于是，我开始做班级文化建设。我和孩子们一起取班名、建班徽、想班训，一起提炼班级文化的内涵，并用班级的精神引领成长。

野炊，你吃我的，我吃你的，虽然可能半生不熟，却有滋有味；运动会上，我们一起呐喊，共同加油，一起倾听心灵碰撞的声音。我带孩子们爬山、涉水，一起沐浴阳光，和鱼儿嬉戏，寻找心愿瓶；在青春的街道上，我们发传单、卖气球，虽然挣的钱寥寥无几，却也体验了生活的不易；缙云之巅，我们和家人一起留下脚印，和同学一起青春放歌！感恩母亲的班会上，我们沉浸在温暖的氛围中；感恩老师班会上，孩子们"吴老师，我爱您""吴老师，谢谢您"的话语触动了我最柔弱的心弦。

即使在中考最紧张的关头，我也依然陪伴着孩子们，让他们向自然敞开心扉，去感受父母的力量、同学的温情。三年里，我们坚持在寒风中晨练，坚持每日练笔……我把这三年进行了整体规划：第一学期，规则；第二学期，感恩；第三学期，读书；第四学期，交往；第五学期，励志；第六学期，理想。我努力为孩子们提供一个发展的平台，让他们的个性在不慌不忙中得到发展，成为更好的自己。

我也注重课程文化。小组建设、感恩活动、读书活动、爱情课程、家长课程，都深受学生欢迎。而现在，我更在乎教育常识，在乎把常识融入日常工作的"小智慧"里，让教育成为师生共同迷恋、彼此成长的过程。慢慢地，我积累下了自己的班级管理"小智慧"。

六、教育"小智慧"

什么叫"小智慧"？"小"，指班级日常生活中的"小切口""小问题""小事件"；"智"，由"日"和"知"组成，寓意为每天获得新知识；"慧"，由"彗"和"心"组成，寓意洒扫心灵。"智"与"慧"，一个是给人生做加法，一个是给心灵做减法。"小智慧"，顾名思义是指在平凡的细节中，在处理具体的教育问题中，不断地在思考中改进，在实践中完善，逐步看到问题背后的问题，慢慢学会系统地思考，最后实现师生共同的成长。

（一）师生交往——共情的智慧

网络开阔了学生的视野，同时也更需要学生具备独立思考的能力。很多学生生活环境优越，成长过于顺利，但随着自我意识的增强，在敢于追求个性的同时，却隐藏着一颗更加脆弱、敏感的心，抗挫能力也逐渐下降，有的甚至会产生极端的想法。部分学生还会沉湎在虚拟的网络世界，丧失真实的自我，甚至会产生各种心理疾病。这都给师生日常交往提出新的挑战。我认为，师生交往最需要的就是"共情力"。

作为班主任，我们真的了解学生的真实想法吗？真的走进了他们的内心世界吗？真的了解学生深层次的需要吗？面对每一个学生，我们不仅要凭感觉、凭直觉、凭经验，更要多运用教育学和心理学的知识走近学生，努力找到学生的心灵密码，逐步了解学生内心深处的想法，感受学生丰富的情感世界。当我们俯下身子，用尊重的态度和专业的知识走进学生的内心世界，换位思考，表达对他们的理解与支持时，才能真正地把握师生交往的方式和分寸。

例如，早恋。早恋的孩子最不希望被谁知道？老师和家长。为什么？因为老师总是扮演着阻止、控制他们的角色。当老师发现学生早恋，肯定会进行阻止，还会义正词严地说："早恋是不正确的。""你不准早恋！""早恋是要被惩罚的。"这样的方式会加大师生之间的隔阂。可是，当我们换个角度，把学生当作成人，给予尊重，会发现被爱与爱都是他们的权利，只是出现的时间太早而已。此时我们不妨用共情的方式进行思考：一个陷入恋爱中的人，是最希望有人倾听、有人理解、有人帮助的，所以，我们是不是可以把自己变为"感情建议者"来分享孩子们的喜怒哀乐呢？当一个人的身份发生改变后，态度也会改变，把长辈变成朋友，把控制者变成建议者，这样，孩子们就愿意把内心深处的想法和苦恼向我们倾诉。当我们了解了他们的真实想法后，再因势利导，这样的教育才是有效的、智慧的。

（二）家校共育——共携手

学生的个性千差万别，家长也一样：有的家长有自己的教育理念，就很容易对老师的教育方法和教育理念提出质疑；家长护子心切，孩子被老师批评或者因沟通不畅而引起家校矛盾时，有的会不分青红皂白地训斥老师，有的会利用网络或上访等方式，给老师施压；还有的家长因工作忙碌而对子女的教育关注不够，一旦出现问题，就甩锅给学校，认为教得好是老师的应尽之责，教不好则是老师不负责任。

作为教师，我们不得不重新思考并重塑家校合作携手的智慧。家校双方存在误解的关键，是信息不对等。作为班主任，我们首先要善于观察，学会从家长的角度去考虑他们到底需要什么；其次要根据家长的性格、思维方式、受教育程度与家长沟通，用协商代替对抗，用悦纳代替抱怨，用共识代替差异，注意边界意识和尊重宽容。

（三）日常工作——重细节

班主任的大部分工作是常规工作，琐碎重复，但越是常规，越能看出功夫，越是细节，越能彰显智慧。我们要去关注细节，思考细节，研究细节，把细节做成教育。

要把握细节契机。很多时候，教育的契机是稍纵即逝的，也许一个奇妙的故事，在我们的发现中发生，但也会在我们的忽略中泯灭。比如，我的独特的表扬方式——给予被表扬的同学60次掌声。这60次掌声就是教育的细节，就是教育的契机。这些小智慧也需要更新迭代，因为人都有喜新厌旧的弱点，教师能做的，就是不断地给予学生常规的新奇感，刺激他们的多巴胺分泌。

再如，每日自我总结，如何把这个常规变成一种习惯呢？首先是"基础版"——每日三问：今天我的收获在哪里？今天我的不足在哪里？明天我怎么做？这样就把"每日三问"变成自我反省。然后进阶到"升级版"，变成用"GRAI"复盘法进行每日复盘："G"，即Goal，回顾目标；"R"，即Result，评估结果；"A"，即Analysis，分析原因；"I"，即Insight，总结经验。通过复盘，每日总结具体化，班主任能够深刻地明晰得失，并对症下药。最后晋级为"高级版"：用九宫格进行每日日记。板块分为今日要事、心情指数、健康状态、亮点呈现、沟通无限、发现问题、明日改进、明日打算和励志金言。班主任将每次的复盘进行内容扩展，就能使复盘范围更加全面。一个常态的每日总结在升级的细节中，能不断得到深化和改进。

（四）棘手问题——找突破

学生长期不完成作业怎么办？面对不配合工作的家长怎么办？学生老迟到怎么办？学生不想上学怎么办？我认为，处理这些棘手问题，可以运用以下几种智慧。

思想上，敢于面对。面对棘手问题，也许我们会迷茫不知所措，或者愁眉不展，或者黔驴技穷想马上撤退。这种焦虑、惶恐、迷茫、逃避，都不是面对棘手问题的最佳姿态，而教育的智慧，就是面对棘手问题时，能激发我们更好解决问题的能量。所以，思想上，我们不能逃避，要坦然面对，相信每一个困难都是来历练我们的，都是我们成长的关键时刻。

思维上，克服定式。处理棘手问题有三种思维：一是黑白分明，二是灰度思维，三是转化思维。第一种思维，即对就是对，错就是错。比如迟到，如果我们认为迟到就是迟到，没有理由，这样的方式，难免让人觉得不近人情。此时不妨用灰度思维处理。在黑白之间还有一个灰色地带。灰色思维就是考虑当时的情况，在决策中有弹性执行空间。同样是迟到，我们可以问一问到底是什么原因，这样就显得比较人性化。最重要的是转化思维。任何事物可以相互转化，坏事可以转化为好事。我们要清醒地认识到：所有的问题都是财富，都可以向好的方面转化。还是面对迟到，既然迟到了，我们可以将功补过，多做好事，将坏事变成好事。

策略上，找到关键。面对棘手的问题，最重要的是找到关键点，找到突破口。这就需要专业智慧。比如，有个孩子反复动手打人。通过追根溯源，我找到了关键原因在其父母：孩子的父亲经常对母亲吼叫，甚至家暴，孩子在长期接触中就学会了。所以，处理这个事件的关键点在于父母。当我们透过问题看本质，找到关键处时，问题也就迎刃而解了。

根本上，固本培元。治标更需治本。比如对于早恋，除了临场处理，更重要的是有一整套的爱情课程，从根本上让学生学会爱、懂得爱。

（五）偶发事件——重应变

教育生活中充满着不确定性，需要教师有临时应变的智慧。面对偶发事件，教师要先冷静，保持临危不乱的心境，切忌急躁冲动、感情用事。

比如，班上一个女生被男生打了。此时，我们的第一反应是生气，骂这个男生一顿吗？不是的，我们应该先查看女生的伤势，然后是通知家长。至于什么时候通知，先通知谁，这些都是冷静之后的操作。经过冷静思考，我决定先通知男生家长，因为女生是受害方，当女生的家长知道孩子被欺负了，难免会做出一些过激的行为，而先通知男生家长，让男生家长一起去医院，表明自己的态度，放低自己的姿态；然后，再给女生家长打电话，先说我们已经把孩子送到了医院，同时男生家长态度很积极，让女生家长的火气上来前就熄灭在萌芽状态。

偶发事件处理得好，可以巧妙地化解尴尬，打破僵局，有时候还能调节情绪，活跃气氛。例如，考试期间，考完一个科目后需要上两节课，才能考下一科。可是，部分孩子这段时间里会变得浮躁。上课铃声响起，也充耳不闻。怎么办？大骂一顿只会显得老师毫无教育智慧，也会影响孩子的情绪。于是，我急中生智，直接用"四字短语"调侃一番。

我开始"故弄玄虚"："亲爱的同学们，你们知道吗？考试期间，一般有这样表现的同学容易丢掉时间。"

"哪种？"孩子们睁大眼睛，开始好奇起来。

"第一种，'情不自禁'型。这种表现是，考完一个科目，回来后，不由自主地拿着一本娱乐小杂志手不释卷，不顾学习。第二种，'玩物丧志'型。刚刚考完一个科目就忘乎所以，拿着魔方、乒乓球在忘情玩耍，乐不思学，忘记了还有科目要复习。第三种，'胡思乱想'型。中途考完后，坐在位置上，一直在座位上神游世界。第四种，'忘乎其形'型，在教室外兴奋狂躁，追逐打闹。第五种，'闲等闲聊'型，就是几个同学在忘乎所以地聊天，以致上课铃声响了都没听见，把时间白白浪费了。"有的同学开始羞红着脸，低着头，不好意思起来。

我不动声色，继续说："如果这样下去，老师可能还要预告下这部分同学期末考试的结局，用三个词语表示，分别是'功败垂成''前功尽弃'和'后悔莫及'。"孩子们一听结局，急忙把复习资料拿出来，调整状态，认真复习起来。

我默默观察着大家的表现，笑了，然后安慰这些同学："当然了，如果你们现在引起重视，我相信结果肯定会逆转。老师再送你们三个词语，第一个是'瞬息千里'，第二个是'百尺竿头'，第三个是'刮目相待'。"说完，全班学生顿时哈哈大笑。之后，教室变得安静起来。大家已经集中精力，全神贯注地复习着……

所以，巧妙应对不仅可以化解偶发事件的尴尬，还能顺其自然地把学生引入正轨。

在偶发事件面前，迅速分清情况，对症下药，才会起到事半功倍的效果。班上有个孩子不敢发言，我决定分析一下这个孩子是能力问题还是胆量问题，抑或是自信心不足。我想，肯定不是能力的原因。如果他长期不愿意发言，语言能力会退化，语言思维会下降，甚至大脑功能都会退化。所以，大概率是自信心不足。分析出原因后，我决定给他提出阶梯式要求。首先，要大胆说话，敢于发言。只要敢说，不管对错，就值得奖励、表扬。其次，每天发言一次，把发言变成一种习惯。最后，认真准备，惊艳发言。我"逼着"这个孩子认真准备后再上台。当他感受到存在感和成就感后，发言居然停不下来了，甚至几次都要我中途打断："不能再说了，不然今天老师的进度就跟不上啦。"孩子紧攥话筒，完全不愿意放下，还一个劲儿地说："老师，不，不，我还要说。"我只能下最后"通牒"："只能说最后一分钟了啦。"

对症应对，把偶发变成一种长期培养，把事故变成故事，这就是对偶发事件对症下药的魅力所在。

班主任有责任用智慧引领学生，实现突围。这一路，我们要精心缝制，用心编织，细心打理，在自我突围中蜕变，在师生交往中成长，在棘手问题中思考，在书写文字中升华。愿我们都在智慧中倾听生命拔节的声音，拓宽教育的广度，思考教育的内涵，用智慧寻找和发现学生隐藏的能力，用智慧提升学生觉醒和改变的能力，用智慧培养学生思考和行动的能力。这场旅途注定是师生互相点燃，双向奔赴的幸福之旅，如此，小智慧就会成为人生大境界！

张玉石

佛山市南海外国语学校教师发展中心主任、广东省名班主任工作室主持人、广东省中小学德育研究与指导中心兼职研究员。先后被评为广东省中小学班主任专业能力大赛初中组冠军、佛山市基础教育高层次人才、佛山市优秀青年教师、佛山市名班主任、佛山市最美班主任等。《班主任》《班主任之友》等刊物封面人物,《中小学德育》《星教师》等刊物专栏作者。著有《做班主任,真有意思》,主编《好玩又好用的创意班会》《班会课的心理学智慧:高中创意班会课30例》。

悦心式班级管理，让学生爱上学习

一、缘起

【案例1】女神·经

初为人师的我踌躇满志。与学生见面的第一天，我进行了精心打扮。"哇，女神！"学生们的窃窃私语让我沾沾自喜，信心满满。

开学第一周，我就大刀阔斧地狠抓文明班评比。我利用学生敬畏新老师的心理特点，建立了一系列惩罚制度，以保证我们班在评比中获得高分：内务被扣0.5分，罚抄书半小时；自己班值周时，为给自己班加分，让学生报虚假数字；所有比赛，学生若拿不到第一名就会被我大声训斥……这些方法果然奏效，文明班评比中，我们班名列前茅。我在心中暗暗窃喜。

一次广播操比赛后，我无意间在学生寝室门外听到了两个女生的谈话：

"你们班有女神班主任亲自督战，广播操比赛怎么拿不到第一名呢？"

"唉，什么女神，变成'女神经'了。这次没拿第一，她肯定又要发飙了——拍桌子，踹椅子，摔门而去。来，我给你模仿'女神经'的狮吼神功。"

接下来，怒吼声、踢门声、嬉笑声不绝于耳。我在门外被气得浑身发抖，真想踢开门告诉她们：我这样做还不是为了班级荣誉！可是如果我这样做了，岂不真的成了"女神经"？我只好带着愤懑离去。

屋漏偏逢连夜雨。晚上，校长找我谈话："小张啊，最近工作很努力，表现也很不错，但是不是方法有问题？学生怨气很大，家长说你罚学生太狠了，要求撤换老师。要不，我找个人先代你的班，你休息一段时间调整下？"这哪是调整，分明是撤换！这对我而言无异于晴天霹雳，难以言表的委屈、伤心让我病倒了。短短三个月，我瘦成了"白骨精"。我一蹶不振，心里发誓永远不再当班主任。

暑假的一天，我收到班长代表全班学生发来的QQ留言："老师，听说你病了，我们都很担心你。代理班主任经常跟我们说，你过去抓文明班评比、对我们严厉其实是为我们好，现在我们真正理解了你的良苦用心。真诚希望'女神'回归我们的班集体！"

学生的宽容让我反思：以前，我眼中只有班级荣誉，很少顾及学生的需要和感受。班主任心里要是没有学生，怎么能成为学生生命成长的引路人？

反思，让我重新审视我的班主任工作理念。班级管理，管束是下策，激励是上策，好的班主任不是代替，而是激励学生自己去争取荣誉。深刻反思后，我豁然开朗。我郑重其事地向校长提出重回班级的请求。

初二那年的学生艺术节，我没有像从前那样强迫优秀的学生去参加比赛，而是鼓励每一个学生大胆展示自我。看着他们在台上虽不完美却积极自信的表演，我终于明白了成长比成绩更重要。

毕业晚会上，学生对我说："感谢你，我们心中的'女神'！"我说："谢谢你们，是你们用真诚和宽容挽救了一个沉沦的'女神经'！"

从外表的女神形象，到班级管理的女神经风格，再到引领学生精神成长的女神，我完成了班主任专业成长的一次蜕变。

上述案例中，我最初是外在形象的"女神"，但因求胜心过强，逐渐变成一个管控班级的"女神经"。学生在高压式的班级管理中度日如年，最后奋起反抗。经历了学生的反抗、谅解等波折，我自己也开始了反思，得出一个结论：

班级管理，管束是下策，激励是上策，好的班主任不是代替，而是激励学生自己去争取荣誉。我对班级管理的观念转变了——从管束到激励，由他律到内生，由班级管理者到班级合伙人，所以才有了后面班级师生关系的缓和和班级的长远发展，我也逐渐成为引领学生精神成长的"女神"。

传统的班级管理主要有四种模式：强制型、兵法型、放任型和爱心型。这四种模式我都实践过。我发现在这四种班级管理模式中，学生没有愉悦感、创意感、自豪感、主人感，他们或是被战胜的对手，或是被压制的敌人，或是被忽视的空气，或是被宠爱的孩子。无论哪种角色，学生都是被管理者，是不开心的，无法激发学生主动成长的欲望，那么这种班级管理就是低效的，是不值得被推崇的。

黄建伟校长说："要想让学生爱上学习，首先要让他爱上这个学校，爱上他的班级，爱上他的老师！"这句话深深地影响着我，也成了我工作中努力追求的方向。学生只有爱上自己的班级和老师，才能身心愉悦地乐于学习。试想，如果学生整天想着和老师斗智斗勇，想着怎么反抗老师、如何躲避老师，他还会有心思学习吗？他在这个班级里还会有愉悦感和幸福感吗？

班级管理主要是对学生的管理，管人先管心，先使心愉悦，才能使班级管理有效。这需要班主任营造一个宽松舒畅、自由民主的班级环境，供学生自由表达想法，发挥才干。

后来，在李季教授等德育专家的指引下，我开始把心理学的原理和技术运用到班级管理中来。经过多年的研究，我形成了富有特色的"悦心式班级管理"模式。在这种模式下，学生会认为班级是大家共同成长、生活的地方，是一个温馨、和谐、友爱的大家庭，是一个可以让自己不断发展、不断提高、不断充实的平台。我还每天笔耕不断，把自己的理念和实践发布到公众号上，带领着几十万老师把班主任工作做得更科学、更专业、更高效！对于悦心式班级管理，我也做了一些改变。

二、改变观念：从"兵法"到"心法"

【案例2】一语惊醒梦中人

有一天晚上，我发了一条朋友圈：晚上打包了茶点给302宿舍的孩子们吃，她们正吃得津津有味，我说："多吃点儿，晚上才有力气说话。"孩子们顿时噎住了，不好意思咽下去。我是个"坏老师"，专治班级里的各种"疑难杂症"。

朋友圈发出后，小伙伴们纷纷为我点赞："厉害""好办法""高，实在是高"……

我沉浸在一片赞美声中无法自拔。膨胀后的我把这条朋友圈私信发给师父，按下"发送"键时心中还颇有几分得意，静待师父表扬我。

几分钟后，我终于盼来师父的回复："你这用的是兵法。"顿时，我觉得自己被师父敲了一闷棍。

过去，我常用"兵法"控班、治班，与学生斗智斗勇，以战胜学生为豪，以管治学生为目的。近年来，我在师父的指导下开始潜心研究班主任工作"心法"——把心理学的原理和技术运用到班级管理和班会课的设计中，于是有了"悦心式班级管理"理念和"心法式班会课"系列。

我一直以为自己很明白"心法"与"兵法"的区别，不料，自认为得意的案例竟被师父说成是用了"兵法"。

我连忙问："那怎么做才是用心法？"

师父回复："你与学生玩心计，以战胜学生为目的，用的不是心法而是兵法。心法以唤醒学生自悟、自省、自构为目的，以尊重学生为前提，常用启迪、共情、暗示、商量、换位思考等方式方法来达到助人自助的目标。根据这一案例的具体情境，你若采用诙谐幽默的方式向学生请教，可能更加有效。你可以说，'鉴于你们晚自修说话，为师已是黔驴技穷、无计可施，今特提小食前来请教各位有何妙招'。兵法和心法的差别在于教师教育时的出发点与学生接受教育时的心理感受。换言之，师生交流过程和结果是虐心——抵触、敌对，还是悦心——心悦诚服。"

师父一语惊醒梦中人。同一个情境，不同的处理方式，我瞬间如醍醐灌顶。

我反思自己的做法：

我们总是在做着这样的教育——想要让他变得更好，首先让他感觉很糟；想让他不说话，首先让他尝尝说话被罚的痛苦。

虽然我给学生送吃的看起来是以奖励代替惩罚，但那句带有反讽意味的话让学生的心理感受变得很糟糕，反应也很消极。学生即使不再说话，也不是心悦诚服，而是迫于我的教师权威敢怒不敢言。向学生请教，鼓励学生为班级发展献计献策，无形中也是在培养学生的规则意识，更是让学生在自建规则的同时完成自我构建、自主养成。

从"兵法"到"心法"，我找到了班主任专业成长的智慧之路。兵法治班虐心，自得其乐；心法带班悦心，师生共赢。所谓"兵法"，是指用计谋与学生斗智斗勇的班级管理方式；所谓"心法"，是指用班级心理共同体建设的思路，用管人先管心的策略，用悦心、走心、省心的方式方法进行班级管理。班级管理，我们常常洋洋自得于兵法治班，津津乐道于与学生斗智斗勇，极少想到这种虐心式管理方式带给学生的往往是师源性心理障碍。换个立场，从兵法变心法，让虐心变悦心，班级管理就峰回路转、柳暗花明。

三、改变关系：从"师道尊严"到"心理同龄人"

班主任改变班级管理的育人观念之后，就会以全新的姿态出现在学生面前。此时的班主任不再是威严的"警察"，或是传道授业解惑的"老先生"，而是多元角色为一体的新形象——亲和的"心理同龄人"。无论教师和学生相差多少岁，在心理上，都可以做学生的心理同龄人。

在一个人心理人格形成的过程中，会有对他产生重要影响的人，心理学上称为"重要他人"。人在不同阶段会有不同的重要他人：学前阶段是父母，小学阶段是教师，中学阶段是同伴，即中学阶段的个体受朋辈的影响最大。这启发我：要想走进学生的内心，就要做他们的心理同龄人，和学生像朋友一样去对话。

班级管理中往往是"关系大于管理"。班级管理更侧重于学习活动，但班级经营还包含学生、老师、家长相互关系的经营和完善。和谐的师生关系和融洽的同学关系是一切学习活动、班级生活的基础和前提，有助于班级文化的建立、班级管理的实现和教育目标的达成。因此，营造和谐友好的班级关系（包括师生关系和生生关系），是班级管理的关键。一般来说，中小学班主任与学生之间存在着由年龄差别而带来的距离感。作为班级的组织管理者和学生成长的指导者，班主任首先要积极改变习惯的"师道尊严"形象，努力成为学生的"心理同龄人"。

崔永元在自传《不过如此》中说，数学老师因为想给他"正正颜色"，导致他患上了数学恐惧症，自此便不喜欢数学。因为不喜欢一个老师而不喜欢一个学科，因为不喜欢一个班主任而不想上学，这是典型的师源性心理障碍。

师生关系既具有人际关系的普遍性（好友），也具有教育特性（严师）。重人际关系的普遍性，轻教育特性，师生间就会变得无原则、无底线；重教育特性，轻人际关系的普遍性，教师就会变成费力不讨好的"凶老师"。所以，教师应努力在二者之间寻求平衡，努力成为学生的心理同龄人，与学生亦师亦友，构建平等、和谐的师生关系。

做学生心理同龄人的一个秘诀就是"我爱你所爱"，即学生喜欢的，教师也去接触，也喜欢，这样师生间就会有共同话题，距离也会拉近，更有利于教师引导和感化学生。

学生喜欢的，我们不鄙视、不反对，可以多了解一些，挖掘一些积极因素引导他们，这就是化堵为疏、因势利导。比如，有的学生喜欢漫画，那就和他聊聊中国的夏达、日本的宫崎骏，让学生知道成功前的寒夜有多难熬；有的学生喜欢推理小说，那就和他聊聊东野圭吾，聊聊作者近年的作品《解忧杂货店》《嫌疑人X的献身》，早期的作品《放学后》《白夜行》，让学生看到一个作家文笔的成熟过程；有的学生喜欢美妆，那就和她聊聊现在比较出名的一些美妆博主,让学生知道她们的美是"生命的化妆"……

我们终将老去,和学生的生理年龄差距是无法逾越的鸿沟,但是如果能够做到"我爱你所爱",那么就会心灵无障碍,永远都是他们的心理同龄人。

四、改变形式:从"班规班控"到"班级议事"

在传统的班级管理中,班级常常是班主任的"一言堂":班规是班主任管控学生的武器,学生不得插手;班会是班主任对学生的单向灌输,不停传授自己认为正确的价值观,学生不得插嘴;班服是班主任挑选的,学生不能不穿;班歌是班主任觉得最励志的那首,学生不能反驳……然而,学生是有着不同性别、不同性格、不同家庭背景、不同成长经历的鲜活个体,他们有自己的思想和主见。教育不是制造业,我们不应该把学生塑造成同一批次的产品。学生不是学习的机器,更不是老师出成绩的棋子。我们重教书,更要重育人,注重学生的人格塑造和品德培养。著名作家张晓风在《我交给你们一个孩子》中说:"世界啊,今天早晨,我,一个母亲,向你交出她可爱的小男孩,而你们将还我一个怎样的人呢?"一个母亲的叩问敲击着每一个教育者的心门,我们到底要培养什么样的未来公民?

班级议事是班级里人人参与评论,商议班级事务,共同进行班级民主管理的一种班级民主生活方式。班级议事让学生自觉参与到班级管理中,这一方面激发了学生参与班级管理的热情和积极性,提升了学生自主参与班级管理的自觉性和能力;另一方面帮助学生形成了民主精神和公民意识,为学生将来成为合格的社会公民打下基础。

班级议事制度刚开始实施时,同学们参与的热情高涨,遇事则议,共商对策,效果很好。但是,实施一年后,由于一事一议、就事论事的形式比较单调,同学们的热情渐减,班级议事热度降温。于是,我们开始探索贴近时代、贴近学生生活,具有针对性、创意性,且学生喜闻乐见的班级议事形式。比如,征求班级发展意见的"班级听证会"、解决班级问题的"五号法庭"、树立精神榜样的"世界咖啡书会"、激励学生成长的"班级达人秀"等,让班级议事在创意中发展,让学生在班级议事中成长。

(一)"班级听证会"——征求意见,制定规划

"班级听证会"是指在班级执行新计划之前,教师为广泛听取学生的意见而开展的一种民主的、有预见性的班级议事活动。"班级听证会"的议案一般由班主任草拟,也可以由班委会成员或者科任老师、家长提议。"班级听证会"的形式多样,有时是座谈会,有时是辩论会,有时是论证会,等等。

每学期开学初,我们都会举行"班级听证会",就班级这学期的发展规划征求意见。初一上学期刚开学,我们班便召开了班级发展规划听证会。

班主任首先要做好准备工作,如提前招募听证会的主持人、记录人员、陈述人(以学生自荐为主);及时发出听证会公告,并提前一周把班级发展规划听证会的议案贴在班级公告栏和班级博客上,为学生留出充分的准备和思考时间,同时向科任老师和家长发出邀请。

然后是听证阶段。听证会上,主持人先做激情澎湃的开场,描绘着班级美好的蓝图,期望争做先进班集体。之后陈述人(家长代表、科任代表、学生代表、班主任)依次发言,陈述自己对班级发展规划的意见和建议。陈述人发言完毕后进入听证辩论阶段,学生自由发表见解,对班级发展规划做出更详细、更全面的补充。

会议结束后,根据陈述人的发言以及辩论内容,班主任及时做好归纳总结,完善班级发展规划,打印后张贴在公告栏上,最后由全体同学签名,方可生效。

班级大型活动前也可以举行"班级听证会",如讨论体育节开幕式上舞蹈的选定、美食节的烹饪攻略、义卖的活动流程等。凡是和班级有关的大事,都可以用听证会的形式解决,学生即使不能作为代表参赛,也可以献计献策。这样,可以使每个学生都树立主人翁意识,鼓励其为班集体贡献自己的力量。

"班级听证会"不仅使学生积极参与到班级建设中来,立足班级现状,放眼长远发展,还能让班主任及时了解学生真实的想法,使班主任做出更符合班情、

更科学、更有利于学生发展的班级规划。

（二）"五号法庭"——解决问题，规范行为

处于青春期的学生独立意识和逆反心理增强，对于长辈的说教和指导往往抱有抗拒心态。他们渴望独立，渴望亲身体验、探究，不愿意一味地听从成年人的指导。所以，他们经常故意犯错，犯错后又不接受说教，更别提处罚了。基于学生这一时期的特殊心理，我们班设立了班级法庭——"五号法庭"。在这里，学生可以自己判断是非对错，考虑如何承担责任，从而自觉地改变自己、改变他人，营造良好的班级氛围。

这是一个专断"家务事"的"民间法庭"，"法庭"所审"案件"均来自班级日常事务。俗话说，"清官难断家务事"，而"五号法庭"则是"清官来断家务事"。"清官"是谁呢？不是班主任，不是科任老师，也不是家长，而是全体同学。与正规法庭一样，"五号法庭"里也有法官、检察长、被告、陪审团、控方律师、辩护律师等角色，然而除了"法官"，其他角色的人选都不是固定的，"法官"由班主任担任，其他角色的人选在不同案件中均由不同学生担任。"检察长"由班委会成员担任，负责找出班级中所有的不"法"的行为，确认不"法"之人（"嫌疑人"），并将案件呈交"法庭"，其他学生负责举证，在"法庭"上陈述平时观察到的事实。同时，"被告"或"嫌疑人"亦可"自辩"或"上诉"，但一切皆需以事实为基础。最后，"陪审团"提出决议建议，"法官"做最后裁决。虽然"五号法庭"带有娱乐性质，但"审判"的内容是严肃的。

在"五号法庭"上，人人皆平等，人人都有说话的权利和义务，人人也都乐于在这种虚拟角色体验中去发掘班级中不好的言行，并思考其带来的影响及解决的方法。"五号法庭"也在一定程度上减轻了班主任的压力，减少了师生之间的摩擦。班主任还能在学生激烈的辩论中了解到大家的思想动态、价值观等，及时做好沟通、引导。

（三）"世界咖啡书会"——分享交流，树立榜样

"世界咖啡书会"是一种深度会谈的方式。学生会针对某个主题，发表自己的见解。这种方式将学生从对个人风格、学习方式和情感智商等惯用的评判方式的关注中解放出来，让他们学会用新的视角来看世界，促进彼此意见的碰撞，从而激发出意想不到的创新点子，产生更富于远见的洞察力。

一个人的发展高度很大程度上取决于阅读的能力，而读书的黄金时期之一是中小学阶段。广泛、深入的阅读会对学生开发智力、树立正确的价值观产生深远的影响。为此，我在班级开设了"世界咖啡书会"活动。"世界咖啡书会"既不是单纯的班级议事，也不仅仅是读书交流会，而是把读书与育人相结合，把班级议事与思想提升相结合，通过读书分享的形式，树立榜样，传递班级正能量。这个活动既培养了学生读书的兴趣和习惯，又通过书中人物的经典形象树立起班级正气，起到文化育人的作用。

我们把每周四的语文课定为"世界咖啡书会"时间。在这节不同寻常的语文课上，我们把课桌围成喜欢的样子，时而围成一个圆圈，时而两方对阵，时而四人组成一个小组。第一轮，大家找到自己的"咖啡厅"，并推选出桌长。桌长负责组织讨论，并将本桌的主要观点写在大白纸上。第二轮，桌长留下，其他成员分散到其他"咖啡厅"。桌长向新来的同学介绍本桌的首轮观点，新来的同学介绍自己"咖啡厅"上一轮的讨论结果，并对新到"咖啡厅"的观点发表意见，桌长记录、补充。第三轮同第二轮。最后，所有学生回到最初的座位上，桌长汇集观点并汇报。

起初，我们全班共读一本书。在"世界咖啡书会"上，我们结合自身实际以及班里的情况谈这本书的现实意义。比如，初一下学期我们全班共读《童年》，所有学生均被阿廖沙悲惨的童年生活深深触动，同时也被阿廖沙在黑暗中看到光明、在邪恶中看到善良的乐观精神所感染。所以，我们把书会的主题定为"寻找棒棒家的'阿廖沙'"——寻找班级里"正直、善良的'阿廖沙'""吃苦耐劳的'阿廖沙'""勇敢、自信的'阿廖沙'""坚强、乐观的'阿廖沙'"。

书会上，学生热情高涨地推荐身边的"阿廖沙"，被推荐的"阿廖沙"充满自豪感，仿佛自己也如高尔基那般，这对学生起到很大的激励作用。例如，小逸推荐小乐为"坚强、乐观的'阿廖沙'"，推荐理由是：小乐踢足球撞破了额头，但是他没有哭，也没有抱怨，而是一直笑着宽慰老师和家长，还和同学开玩笑，这样坚强、乐观的小乐是我们学习的榜样，所以推荐他为我们班"坚强、乐观的'阿廖沙'"。小乐受伤时没有哭，但在被同学推荐为"坚强、乐观的'阿廖沙'"时眼睛红了。在接下来的日子里，外在的鼓励转化为内在的动力，小乐变得更加奋进，就像书中的阿廖沙一样拼搏进取，不断进步。书会育人的班级议事形式已经初见成效。

后来，大家开始读不同的书，我们也开展了一系列研讨活动。比如，读《钢铁是怎样炼成的》，我们讨论偶像与追星的问题，帮助学生树立真正的精神偶像；读《名人传》，我们也为班里其他同学写"名人传"，印制"班级名人录"宣传报纸并将其派发到各班；读《边城》《平凡的世界》，我们探讨学生理想中的伴侣形象，男孩学会了责任与担当，女孩学会了矜持与内敛；读《水浒传》，我们开展"让花名美起来"的活动，将那些不文明的绰号换成有激励作用的雅号。

通过三年的努力，我们班每个人都有一个属于名著中的人物名称，每个人身上都具有一股向伟人、向英雄靠拢的正能量。班级议事也从批评性评议转为激励性评议，成了学生的精神食粮。

实践证明，班级议事是一种有效的班级管理方式，是学生参与班级管理的重要载体。时代在进步，学生的心理也在不断发展变化。为了使班级议事更有实效性，我们要勇于尝试，针对不同情况开展不同形式的班级议事活动，在实践中不断创新，让班级议事成为学生勇于参与、乐于参与的班级活动，在议事中提高学生的民主意识，增强学生的集体荣誉感。

五、改变方法：从"批评指责"到"优点轰炸"

悦心管理、心法带班，有变被动为主动、化消极为积极、让他律变自律、让约束化自觉、变不利为有利、化压力为动力等策略和具体方式方法。其中，"微笑效应"——人际悦纳管理法、"拇指效应"——美好情绪管理法和"优点轰炸"——积极行为管理法，是屡试不爽的好方法。

（一）"微笑效应"——人际悦纳管理法

教师要悦纳学生，首先要悦纳自己。班主任要做快乐的老师，用快乐的情绪感染学生做快乐的人。微笑不仅仅是一个表情，更是一种发自内心的愉悦感。老师的生活里，不应该只有学生，还应该有诗和远方。老师如果把过多的时间和精力放到学生身上，就会让自己没有自由的时间和空间，也剥夺了自己的快乐和幸福。整日愁眉苦脸，只知道盯学生、抓成绩的老师会幸福吗？他的学生会快乐吗？学生有自己的人生路要走，他们有自己的思想和自由，那些企图控制学生、希望以牺牲自我为条件换取学生好成绩的老师，很可能会既牺牲了自己，也阻碍了学生。

悦纳学生，就是要发现并放大学生身上的闪光点，理解并包容学生的问题行为。教学生就像种花，要有耐心等待花开。每个学生都是一朵花，只是开放的时间不同。若别人家的花在春天开放，不要急，也许你家的花是在夏天开；如果到了秋天还没有开，也不要着急跺脚，说不定这朵花是腊梅，会在冬天开。真正的园丁不会在意花开的时间，他们知道每朵花都有自己的特点，只是开的时间不同罢了。学生是独立的个体，老师应该尊重生命成长的规律，静待花开，莫心急，莫生气，让学生自己去成长，而不是取而代之、全权代劳，剥夺他们成长的权利。

两个人在荒漠中行走，烈日当头，不一会儿就口干舌燥。瓶子里有半杯水，一个人沮丧地说："只有半杯水了。"另一个人却开心地说："还有半杯水呢！"前者消极的情绪很可能让他走不出这片荒漠，但后者凭借乐观的心态可能迎来生命的曙光。面对同一个学生，有的老师只看到他的缺点，试图通过各种方法使他解决自身的问题，而有的老师却带着欣赏的眼光期待他变得更好。

一位班主任外出学习一周，回到班级后问："我不在的这一周里，你们听不听话啊？都有谁犯错误啦？"另一位班主任同样外出学习归来，却换了一种方式问："我不在的一周里，你们谁表现得最好啊？"同样的情境，两位班主任采用了不同的交流方式，反映出的是不同的教育心态：前者习惯找问题、找缺点，后者喜欢找亮点、找优点。不同的教育心态将会带给学生截然不同的能量。

（二）"拇指效应"——美好情绪管理法

过去我们惯用的教育方式是，想让一个人变得更好，首先得让他感到自己很糟糕。比如，学生迟到了，为了让他以后不迟到，先让他尝尝迟到带来的痛苦。于是，教师变着花样惩罚学生：上下蹲、跑步、抄书……

曾经的我亦如此，但后来我发现，惩罚只在短期内有效，过不了多久，学生又会犯老毛病。所以，许多学生即使到了高中，仍没有养成良好的行为习惯，缺乏自主学习的内驱力。

这时我们应转变思路，变食指为拇指：从找问题转为找优点，化消极为积极，变不利为有利。这就是美好情绪管理法，也称"拇指效应"。

该方法的理念是用美好引领美好——发自内心地欣赏学生，让学生感觉自己很棒，他们也许就会朝着老师期待的方向成长。

与惩罚相比，虽然这种方法在短期内效果没那么明显，但长期效果显著。班主任应用心发现每个学生可能连自己都不知道的闪光点，多去肯定他、鼓励他，让他感觉自己很棒。这样，学生一旦犯错，就会觉得这种错误行为配不上那么棒的自己。

"拇指效应"能引发学生积极、愉快的情绪。在积极情绪的驱动作用下，学生会慢慢改变自己，让自己变得更好。班主任将"拇指效应"运用在班级、宿舍管理中，既有利于增进师生的友好关系，营造和谐的班级氛围，又能促进学生良好行为习惯的养成。

【案例3】不写作业的小欣

小欣是我们班上一个不起眼的女生。她相貌平平，性格安静，成绩中等，我一直没有特别关注她。

引起我注意的原因是，初一下学期开学寒假作业未交的名单里有她，而且六科里她竟然有五科都未完成，连我教的语文都没做完。我联系她家长询问情况，她妈妈很无奈地告诉我："她假期里几乎每天都把自己关在屋子里画画、看书，我每次问她作业写完了没，她都说写完了。前两天我对照作业清单检查时才发现她几乎没有写过作业……"

通过和她妈妈的对话我得知，小欣很喜欢看漫画，从小就开始模仿着画；她还很爱看书，尤其是文学和诗歌。她不做作业是因为她觉得做作业没用。

小欣很有主见，我强制性地惩罚也只能解决眼前未完成作业的问题，不能解决根本问题——她不想学习。如何激发她的学习内动力呢？我试着从她的爱好入手。

在回宿舍的路上，我们俩开始闲聊。我说："我很喜欢漫画家夏达，尤其是她的《子不语》，我觉得你和她很像，都很有天赋，又都很低调……"她顿时来了兴致，滔滔不绝地讲起夏达成名前经历的种种磨难。我们从中国漫画聊到日本漫画，从宫崎骏聊到村上春树，从《挪威的森林》聊到《解忧杂货店》……

"你是我见过的最有写作天赋的孩子，思想有深度，眼界有高度，笔尖有温度，相信你未来也可以成为一位一流的作家……"她惊诧地转头看我，难以相信我对她的评价竟如此之高。

"但是你现在离成为一流作家还有一段不小的距离，你需要博采众长，更重要的是有高人的指点。我大学时期的现当代文学老师对我的影响很大。在他的影响下，我的文学素养有了质的飞跃。如果你将来能考到一个好大学，如北大的中文系，那你的视野和高度将会有所不同。我上的大学只是省重点，所以能接触到知名作家的机会很少，但是我有同学在北大，像莫言、余华、王蒙的讲座，他都听过，还能和这些名家直接对话……"小欣听后也连连感叹好大学的机会真多。

于是，我接着说："加油吧，争取考到一个好高中，进一所好大学，才对得起你的才华。或许你就是下一个林徽因、张爱玲……"

她没做作业的事我只字未提，但是她主动在一周内补齐了所有作业。渐渐地，她改掉了不做作业的毛病。我们还经常在一起聊文学、聊写作。后来，她成了同学口中的"罗大师"，大家修改作文时总要去请教她。

毕业前夕，她给我写了一封"情书"。其中有一段这样说："那时的我浅薄而无知。我沉迷于小说、漫画和电视剧，整天浑浑噩噩，对未来没有方向，梦想换了一个又一个，仗着自己会一点书法便洋洋自得，骄傲自满。我是如此的幸运，遇上了你。你善良、大方，诚然地接受我的缺点。你以极其敏锐的直觉发现了我的失落与自暴自弃。你是那么聪明、机智、美丽、坦率，还努力地发掘我的闪光点，慢慢地树立我的自信，使我找到自己存在的意义。你委婉而诚实地告诉我，我应当改变了。你给我讲林徽因、张爱玲等才女的故事，帮助我找到目标。你如一盏明灯，又似一把利剑，照亮了前程，斩尽了荆棘。不管过程多么艰辛，我终于在你的帮助下找到了自己的路——写作。可我仍然有很多小毛病：情绪化、极端厌恶写记叙文等，但你仍是那么的温柔，有耐心。我这匹顽劣的孤狼竟能得到如此厚爱……"

这封信有两千多字，字里行间饱含深情，我每每读来都会热泪盈眶。我用"拇指效应"唤醒了一个又一个灵魂，这是为人师者最美的荣誉勋章！

（三）"优点轰炸"——积极行为管理法

人的行为如果通过优点激励的方式，如赞美的语言，往往有变他律为自动自觉、化约束为自我拓潜的作用。班级管理中对学生的行为亦然。

实事求是的赞美就像一剂良药，能够愈合因为犯错误而引发的心灵创伤和悔恨。若我们用滚水一样的言词去批评一个犯错误的人，他迟早会成为不怕开水烫的"死猪"。

批评是教训人，但用赞美来教训人，效果可能会更好。当学生犯错时，我们该如何"赞美"呢?

【案例4】我要狠狠地表扬你

暑假语文作业中有一项是背古诗。开学第一天的早读课上,我组织学生默写,然而却发现收上来的古诗默写作业写得一塌糊涂。

这个班的上任班主任很严厉,学生们已经被罚得"刀枪不入"了,被骂得耳朵长茧子了。怎么办?反其道而行之!他们被罚得脸皮厚了,那我就一点一点把脸皮夸薄,重塑他们的自尊心。

初三开学的第一节课,我面带微笑地讲解新学年的学习要求,顺带讲了一下古诗默写的情况。

"我顺便说一下今天的默写情况。"我顿了一下,想看看学生的反应。几个默写得零分的男生露出了"视死如归"的神情,他们正了正身子,等着一阵狂风暴雨袭来。

"我要表扬几批同学:首先,是默写全对的同学——小钰、小昕、小阳……他们利用暑假时间先行一步,给自己的初三开了一个好头。他们是我们全年级学习的典范,是我们班的骄傲。我们要送给他们热烈的掌声和膜拜的眼神。"

"第二,我要表扬进步大的同学——小豪和小泉。他们虽然没有全对,但是比上学期有了很大的进步。希望他们在初三能更上一层楼,让我们给他们一点鼓励的掌声。"

这两个表扬为班级营造了积极的正能量,也为我下面的重点"表扬"做好了铺垫。

"第三,我要表扬整首都没写的同学。他们诚实地面对自己,没有为了应付老师而作弊。所谓'分数诚可贵,诚信价更高',我们要给他们一点赞许的掌声。"这次表扬我没有点名字,保护了学生的自尊心。

"第四,我要表扬五首诗全部没写的同学。他们不但诚实,还为张老师改作业节省了大量时间,极大地减轻了张老师的工作量。我们也要给他们一点期许的掌声。"我边说边笑,笑得这几个孩子更羞愧了。

接下来，我们又一起商量了试卷订正几遍，以及如何订正。

我告诉他们："订正的目的是记住，倘若你晚上交作业之前都背下来了，通过检验了，那么你可以不订正。"

下课后，我看到交了空白卷的小涛拿着语文书去食堂，边走边念叨着。

第二天的默写情况大大出乎我的意料：订正作业全部交齐，我表扬的第四批学生（五首都没写的）也把五首古诗都背下来了。其中，以拖沓著称的小涛在晚自习时还主动找我背诵，五首诗都背了下来。

我们班还有很多用"优点轰炸"的积极行为管理法。比如，班级组建初期，每周我都会给学生发一张匿名表扬条，上面写着这样一段话：

一个教室里，我们同学习，共进步。在这个团结友爱的大家庭里，我每天都会发现值得我学习的人和事。我有一双发现美的眼睛，我要表扬_____，因为他……他是我学习的榜样。

学生写完后上交，我再按照填写的名字分发给每位被表扬的学生。

班级组建之初，学生彼此还不太熟悉，大家关注最多的就是班干部，他们也是被表扬最多的。与老师的表扬相比，学生更看重自己在同伴心目中的印象。班干部在同学们的肯定声中越干越起劲。

背后的赞美是最真实的赞美，不记名表扬是最感人的表扬。每周的匿名表扬条，在班级组建之初，就营造了温馨、和谐的家文化，迅速增强了班级的凝聚力和向心力。

改变观念、改变关系、改变形式、改变方法，四个"改变"合力打造的"悦心式班级管理"模式，帮助每个学生削减了对老师的恐惧感和距离感，在班级中找到归属感和幸福感，获得属于自己的成就感和价值感。

后 记

《中国著名班主任德育思想录》出版八年来,收到了广泛的好评,先后加印十余次,被许多教育局和学校用来作为年轻班主任的培训教材。也有许多新班主任将其作为自己的案头书。

我曾说,希望这本书是一个开放的系统,条件成熟时可以不断增补,让它成为记录这个时代教育风云人物的史册,成为照亮教育路程的一盏明灯。

经过几年的积累,《守住教育的底线和良心——中国著名班主任德育思想录(二)》就要出版了。书中的人物,既有做了60多年班主任、打破班主任最长历史记录的李庾南老师,也有出版多种班主任研究著作、堪称全国班主任工作研究领军人物的陈萍老师,还有在自己的教室里不断探索实现儿童的种种美好可能的"全人教育"提名奖获得者宋新菊……的确,书中的每一位班主任都有自己的过人之处,都有自己的"功夫秘籍",但是他们也都有共同的特征——对教育、对孩子、对班主任工作的热情与热爱。

感谢本书的作者之一、江苏省扬州市教育科学研究院副院长陈萍老师。出于对同道的欣赏和尊敬,也出于对我的鼎力支持和帮助,她热情推荐并且帮助联系了部分优秀的班主任。

感谢本书的各位作者，用不同的叙事方式讲述了自己从事班主任工作的酸甜苦辣、经验教训，真实呈现了班主任成长的过程。

感谢新教育研究院、新阅读研究所的同仁协助我做的大量的具体工作。

最后，特别感谢华东师范大学出版社北京分社的李永梅社长和杨坤老师以及本书的责任编辑薛菲菲，她们认真细致、负责任的工作态度，为本书的顺利出版做了重要贡献。

朱永新

2024 年 1 月 20 日写于北京滴石斋

图书在版编目（CIP）数据

守住教育的底线和良心：中国著名班主任德育思想录. 二 / 新教育研究院编著；朱永新主编.
—上海：华东师范大学出版社，2024
ISBN 978-7-5760-4869-8

I. ①守… II. ①新… ②朱… III. ①中小学—班主任工作—文集
IV. ① G635.16-53

中国国家版本馆 CIP 数据核字（2024）第 073659 号

大夏书系 | 教育思想录

守住教育的底线和良心——中国著名班主任德育思想录（二）

主　　编	朱永新
编　　著	新教育研究院
策划编辑	李永梅
责任编辑	薛菲菲
责任校对	杨　坤
装帧设计	奇文云海·设计顾问
出版发行	华东师范大学出版社
社　　址	上海市中山北路 3663 号　邮编 200062
网　　址	www.ecnupress.com.cn
电　　话	021-60821666　行政传真 021-62572105
客服电话	021-62865537
邮购电话	021-62869887
地　　址	上海市中山北路 3663 号华东师范大学校内先锋路口
网　　店	http://hdsdcbs.tmall.com/
印　刷　者	北京密兴印刷有限公司
开　　本	700×1000　16 开
印　　张	15.5
字　　数	228 千字
版　　次	2024 年 6 月第一版
印　　次	2024 年 6 月第一次
印　　数	6 100
书　　号	ISBN 978-7-5760-4869-8
定　　价	69.80 元
出 版 人	王　焰

（如发现本版图书有印订质量问题，请寄回本社市场部调换或电话 021-62865537 联系）